【第三卷】

《论语》全解编委会

主　编　李　楠

副主编　杜婧舟　刘　丽　张淑芳　曹　嵩　刘　斌
　　　　肖　冰　赵琳琳　张丽苹　崔　静　焦明宇
　　　　段欣宇　朱桐卓　郭宝财　徐　健　刘晓丽

编　委　李淑萍　王金玲　齐伟民　孙丽霞　孙晓春
　　　　邴　炜　金　岩　金兴国　常　悦　胡　亮
　　　　赵春学　赵桂香　姜　涛　耿　威　颜力楷
　　　　戴金波　赵子萱　韩安娜　高玉秋　于洪杰
　　　　李　鑫　霍　强　邢语恬　王　曼　李　娟

总编辑　竭宝峰　张兰爽　朱　岩　何春丽　常　旭

前　言

在我国东周时期，周王室东迁后日益衰微，逐渐丧失了宗主地位，各个诸侯为了争夺霸主地位，开始了长期的兼并战争。

在这期间，鲁国的孔子面对“礼崩乐坏”的社会现实，痛心疾首。为了建立一种新的秩序和规则，他决心恢复周公建立的礼乐制度，提出“克己复礼”的主张，并用“仁”对“礼”进行改造，提出并完善了“仁学”理论。

孔子认为，“仁”就是“爱人”，就是对人要尊重、关心和体谅。“仁”既是每个人必备的修养，又是治国平天下必须遵循的原则。

孔子把孝悌看成“仁”的根本，他把“仁”运用到政治领域，就是重视人民，关心百姓的疾苦，就是“德治”。为了实践“仁”，孔子十分重视“礼”，主张克制自己，使自己的言论行为都符合礼的要求。

有一天，孔子的学生子贡向孔子请教：“老师，什么是仁？如何做到仁？”

孔子回答：“克制自己，恢复周礼，就是仁；以周礼为标准，时时处处严格要求自己，使自己的言行符合周礼，就是做到仁了！”

为了实现自己的这一政治主张，孔子经过了长达 15 年在各诸侯国的游说。然而，由于当时各诸侯国都忙于争霸，并没有谁采纳他以“仁”治国的政治主张。

颠沛流离十几年后，年近70岁的孔子在并未实现自己政治主张的情况下，回到鲁国，专事讲学和历史文献的整理，并把自己的政治主张和思想抱负倾注于笔端，成为我国历史上私学的开山鼻祖，开创了影响我国知识分子2000多年的儒家学派。

孔子一生从事教育事业达40多年之久，门生众多。据史料记载孔子弟子有3000人，其中才华出众、品德优良者72人。

孔子去世后，他的主要弟子及其再传弟子将孔子的言行整理成书，书名叫《论语》，内容包括孔子谈话、孔子答弟子问、弟子之间的相互讨论以及弟子对孔子的回忆等，集中体现了孔子的政治主张、论理思想、道德观念及教育原则等。

《论语》作为一部涉及人类生活诸多方面的儒家经典著作，许多篇章谈到做人的问题。

孔子认为，一个人要正直，只有正直才能光明磊落，只有心中坦荡，做事才没有担忧。

做人要重视“仁德”，这是孔子在做人问题上强调最多的问题之一。在孔子看来，仁德是做人的根本，是处于第一位的。孔子还认为，只有仁德的人才能无私地对待别人，才能得到人们的称颂。

孔子提出仁德的标准，这就是刚强、果断、质朴、语言谦虚的人接近于仁德。同时他还提出实践仁德的5项标准，即：“恭、宽、信、敏、惠”，即恭谨、宽厚、信实、勤敏、慈惠。他说，对人恭谨就不会招致侮辱，待人宽厚就会得到大家拥护，交往信实别人就会信任，做事勤敏就会取得成功，给人慈惠就能够很好使唤民众。孔子说能实行这五种美德者，就可算是仁了。

孔子强调做人还要重视全面发展。他说：“志于道，据于德，依于仁，游于艺。”意思是说，志向在于道，根据在于德，凭借在于仁，活动在于“六艺”，即礼、乐、射、御、书、数。只有这样，才能真正地做人。

《论语》成书于战国初期，自古以来就是我国首选的启蒙读物，是我们中华民族古往今来的“同一本书”，共同的话题，共同的语言，共同的思维之道和共同的价值观。

《论语》作为一部涉及生活诸多方面的儒家经典著作，语言简洁精炼，含义深刻，具有深刻的内涵，对我们广大读者具有极大的借鉴意义。

《论语》是研究孔子思想的主要资料。一部《论语》，将孔子及其门生有限生命融到无尽的历史中，创造了我国古代光辉的人文主义精神，被后人誉为“天不生仲尼，如万古长夜”，“半部《论语》治天下”。

《论语》作为国学经典，是我们中华民族五千年的文化精髓，其中蕴涵着丰富而深刻的人生智慧和处世哲理，是经过千百年的历史洗礼和多少代人实践检验过的，是我们广大读者学习的必备精神食粮。我们广大读者阅读《论语》，能够秉承仁义精神，学会谦和待人、谨慎待己、勤学好问等优良品行，使我们成为内外兼修的未来精英。

我们广大读者阅读《论语》，就如同师从贤哲。阅读圣贤之书，与圣贤为伍，是我们精神获得高尚和超越的最高境界。

在如今社会处于转型的时期，充斥着各种各样所谓的现代文化，良莠不齐，纷繁杂芜，作为我们广大读者，应该慎重从文化杂烩中精挑细选最好的、最纯的、最精的文化知识进行学习，以便促进我们健康发展，那么《论语》就是我们最佳的选择。

作为国学经典的《论语》，并非陈旧过时，可以说能够适应任何时代的需要，且不同的时代都可以进行新的解读，都有时代的新意。我们要古为今用，活学活用，在新的时代推陈出新，进行新的解读，赋予新的内涵，不断发扬新的精神。

为此，我们特别编撰了这套《论语》读本，主要是根据广大读者学习吸收的特点，在忠实原著基础上，除了配备原文外，还增设了简单明白的注释和白话新解，同时还配有相应启迪故事和精美图片等，图文并茂，生动形象，非常易于阅读和理解，是广大读者学习《论语》的最佳读物，相信大家从中会获得新的感受和新的意蕴。

目 录

平民数学家朱世杰

据说，我国在两汉时期就能解一次方程，古时称为“方程术”。

至宋元时期又出现了具有世界意义的成就——天元术。那么，当未知数不止一个的时候，如何列出高次联立方程组求解呢？

有这样一道古代数学题：

直田积864步，只云长阔共60步，问阔及长各几步？

答曰：阔24步，长36步。

这就是说，长方形田地的面积等于864平方步，长与宽的和是60步，长与宽各多少步？此题列成方程式即是：$xy = 864$，$x+y=60$，其中x、y分别表示田的长和宽，这是一个二元二次方程组问题，此题选自我国南宋数学家杨辉所著《田亩比类乘除算法》一书。

这充分说明，我国宋代数学家就已结合生产实践对多元高次方程组有了研究。那么，有没有三元三次方程组，四元四次方程组呢？当然有。早在宋、元时期，我国数学家就圆满地解决了这个问题。这个人便是朱世杰。

在宋元时期，我国数学鼎盛时期中杰出的数学家有“秦、李、杨、朱四大家”，朱世杰是其中之一。他是平民数学家和数学教育家，平生勤力研习《九章算术》，旁通其他各种算法，成为元代著名数学家。

在与他同时代的数学家秦九韶、李冶所创立的一元高次方程的数值解法和天元术的基础上，朱世杰进一步发展了“四元术”，创造了用消元法解二、三、四元高次方程组的方法。

朱世杰这一重大发明，都记录在他的杰作《四元玉鉴》一书中。

所谓四元术，就是用天元 x、地元 y、人元 z、物元 u 等四元表示四元高次方程组。朱世杰不仅提出了多元高次联立方程组的算筹摆置记述方法，而且把《九章算术》等书中四元一次联立方程解法推广到四元高次联立方程组。

四元术用四元消法解题，把四元四式消去一元变成三元三式，再消去一元变成二元二式，再消去一元，得到一个只含一元的天元开方式，然后用增乘开方法求正根。这和现代求解方程组方法基本一致。

在西方，在 16 世纪以前，人们长期把不同的未知数用同一个符号来表示，以至含混不清。直至 1559 年，法国数学家彪特才开始用不同的字母 A、B、C……来表示不同的未知数。

而我国，朱世杰早在 1303 年就巧妙地解决了这个问题，他用天、地、人、物这四元来表示 4 个未知数，即相当于现在的 x、y、z、u。

而关于四元高次联立方程的求解，欧洲直至 1775 年，法国数学家别朱在他的《代数方程的一般理论》一书中才得以系统的解决。但这已比朱世杰晚了四五百年。四元术是我国数学家的又一辉煌成就。它达到了当时世界数学发展的高峰。

以农为本的农学家王祯

王祯的家乡东平在元代初期就已是封建文人荟萃的地方。当时的统治者忽必烈非常重视总结农业知识，并普及农业技术，曾在东平让许多名士先后设帐授徒。元朝也先后产生了《农桑辑要》和《农桑衣食撮要》这样的农业科学著作。王祯受其影响也开始接触农学。

王祯在 1295 年任宣州旌德县县尹和在 1300 年担任信州永丰县县尹时，继承了传统的“农本”思想，认为国家从中央到地方政府的首要政事就是抓农业生产。为此，他在任期间恪尽职守，公正无私，勤勉务实，为民办事。

王祯留心农事，处处观察，积累了丰富的农业知识。为了总结农事经验，王祯在旌德县尹期间，就开始着手编写《农书》，也叫《王祯农书》，直至调任永丰县尹后才完成。1313 年，王祯又为这本书写了一篇自序，正式刻版发行。

《王祯农书》共 37 卷，现存 36 卷，另有编著 22 卷的版本，内容相同。该书规模宏大，范围广博，大约 13 万字，插图 300 多幅。

其中包括《农桑通诀》《百谷谱》和《农器图谱》三大部分。最后所附《杂录》中有和农业生产关系不大的“造活字印书法”。全书既有总论，又有分论，图文并茂，系统分明，体例完整。

《农桑通诀》可以说是“农业总论”。共 6 卷，19 篇，是王祯对农业综合性的总结，贯穿了以农为本的观念和天时、地利、人和共同决定农业的思想。

《农桑通诀》论述了农业、牛耕和桑业的起源；农业与天时、地利及人力三者之间的关系，接着按照农业生产春耕、夏耘、秋收、冬藏的基本顺序，记载了大田作物生产过程中每个环节应采取的共同的基本措施；最后是“种植”“畜养”和“蚕缫”3篇，记载有关林木种植包括桑树、禽畜饲养以及蚕茧加工等方面的技术。

《农桑通诀》以“授时”和“地利”两篇探讨了农业生产客观环境的复杂性和规律性，强调了农业生产中“时宜”和“地宜”的重要性。

《农桑通诀》还分列了“种植”“畜养”“蚕缫”等专篇，阐述林、牧、副、渔等广义农业各个方面的内容，并宣扬了官府的重农思想和劝农措施。这部分内容，使人们对广义农业的内容和范围以及农业生产中客观规律性和主观能动性的各个方面，都能有清晰明了的认识。

《百谷谱》共4卷11篇，是农作物栽培各论，阐述的是各种农作物的品种、特性、栽培、种植、收获、贮藏、利用等技术知识，所介绍的农作物共有80多种。谷谱包括谷属2卷、蓏属1卷、蔬属2卷、果属3卷、竹木1卷、杂类1卷，初步具备了对农作物实行分类学的萌芽。

《农器图谱》是全书重点，共有12卷，篇幅占全书的五分之四，也是最能展现王祯科技思想精华之所在。

具体分为田制、耙扒、蓑笠、杵臼、仓廪、鼎釜、舟车、灌溉、利用、蚕桑、织纤、扩絮、麻芒12门，详尽介绍了当时和古代以及他所创制的农具、农业机械和农家生活用具等257种。共绘有图谱306幅，每幅图都有文字说明，介绍各种器具的构造、发展演变过程、使用方法和功效。

关于土地翻治农具，《农器图谱》介绍了犁、犁刀、耙耢等。重点介绍的是耧车。耧车汉已有，元代有创新，增加了一个肥料箱，使播种与施肥同时进行；增加了砘车装置，播种后能马上掩土。

对于灌溉器械，王祯一方面把传统的龙骨水车创新为用水力推动，成为“自动化”机械，还创制了高转筒车灌溉机械，能够把水提高至33米高的地面进行灌溉，两部筒车相接，就可以把水提高66米。

收获农具有粟鉴、辕、推镰等。王祯把麦钐、麦绰、麦笼等配合起来做成的快速收麦器，是效率极高的收割农具。

在农产品加工机械方面，最著名的创新发明是水轮三事。在传统的普通水力磨上对机械装置改进之后，可以同时具有磨面、砻稻、碾米功能。

水转连磨则是利用水力发动的机械，用一个立式的大水轮，再通过一系列的齿轮传动装置，能同时使9个磨盘旋转工作。王祯在“利用门”一节中介绍的水力农机达14种之多，还不包括水力灌溉机械。

从整个《农器图谱》的机械与图谱中，可以明显看到王祯既是卓越的农学家，更是杰出的机械制造家。他对于绳轮、齿轮、曲柄、连杆等传动装置的运用已驾驭自如，得心应手。在许多机械部件与整体机械原理上，也同样显示出其过人的研究与极高的造诣。

《农器图谱》中多达300多幅的插图，也是以前的农书中所绝无仅有的。正是靠着这些图谱，我国古代的许多农业机械器具才得以保存。可以说，《农器图谱》是王祯在古农书中的一大创造，是古代我国农器图谱的公认“鼻祖”。

《王祯农书》是我国第一部力图从全国范围对整个农业作系统全面论述的著作，所涉及的地域包括南北方的17个省区，这也是以前任何一部古农书所不及的。堪称我国古代一部农业百科全书。

海瑞刚正不阿做清官

明代中期以后，阶级矛盾和民族矛盾日益激化，至嘉靖、万历年间，明王朝基业危机四伏。这时候，出现了一些刚正不阿的封建士大夫官僚，海瑞就是其中的一位代表。

海瑞，是明代著名的清官，一生刚正不阿，不避权贵，犯颜直谏，两袖清风，人称“海青天”。海瑞从小丧父，家境贫寒，直至36岁才得以参加乡试，成为举人。其后任南平县教谕，主持教育工作。

有一天，延平府的督学官到南平县视察工作，海瑞和另外两名教官前去迎见。在当时的官场上，下级迎接上级，一般都是要跪拜的。因此，随行的两位教官都跪地相迎，可海瑞却站着，只行抱拳之礼，3人的姿势俨然一个笔架。

这位督学官大为震怒，训斥海瑞不懂礼节。海瑞不卑不亢地说：“按大明律法，我堂堂学官，为人师表，对您不能行跪拜大礼。”这位督学官虽然怒发冲冠，却拿海瑞没办法。从此，海瑞落下一个“笔架博士”的雅号。

过了几年，海瑞因为考核成绩优秀，被授予浙江严州府淳安县知县。这时他已经43岁了。

海瑞上任时，一不坐轿，二不乘船，只穿了一件普普通通的秀才衣，骑着一头骡子，带着书童海安，悄悄地进了淳安县界，沿着一条小路向前走去。

有一天，海瑞刚刚从街上回到县衙，管钱粮的李老夫子就笑呵呵地进来，把很厚的一叠礼单送上来，说道："请大人过目，这是全县乡绅听说大人的生日到了，送来的贺礼。"

海瑞一愣，但随即就明白了，这是那些乡绅向他行贿的一个借口，是想让他对多占的土地网开一面。他让家人把礼物全部接下，然后叫李老夫子传下话去，把所有乡绅都请到大堂前说话。

送礼的乡绅见海瑞收下了银子，要请大家喝酒，都高兴地来了。

海瑞见人都到齐了，便从后堂出来，向大家抱拳一揖，笑着说道："海某来到淳安，深蒙各位厚爱，愧不敢当！不过，不仅我的生日不是明天，就是到了过生日的时候，也绝不接受一文贺礼。各位送来的银子，今天一一当面奉还。至于清丈土地的事情，本县言出必行。如果有不逞之徒从中作梗，敢于作弊，本县言出法随，一定严惩不贷。"

海瑞说完，让家人当面点名，叫乡绅们一一上前领回了银子。众乡绅见海瑞当面退银，都瞠目结舌，半晌说不出话来，谁也不敢出面反对清丈土地。

第二天，海瑞亲自下乡，领人丈量土地，成为全国第一个查实土地数目，解决赋税合理负担的县令。贫苦百姓解除了额外负担，家家户户欢喜不尽。

海瑞清丈田亩之后，又着手整顿吏治，实行均徭，革除陋规。他整顿吏治，首先从自己的身上开刀。在当时，作为一个地方官员的收入，一笔是国家的薪俸，另外一笔是“常规”收入。

按照“常规”，地方官员到北京朝觐，所需的车马食宿费用和向京都大员讨好行贿的金钱，都要由本地的百姓摊掏。地方官员向出巡和路过的大官赠送财礼、车船支应及招待费用，也要向百姓们摊派。这笔钱花多少就可以摊多少，地方官员自然可以从中渔利，大发其财。

海瑞大胆地革除了这种“常规”，把每人每年要负担的这几项银子从平均5两减至2两。明确宣布自己不要这种“常规”银子，也不向过往官员赠送这种“常规”银子。海瑞在淳安任上曾经两次进京，只用了路费银48两，其他一概裁革。

丈量土地，削减“常规”银，这两项改革，不仅削掉了他自己的特权利益，而且损害了上级官员的利益。

当时有朋友劝告海瑞：“你把这些都革掉了，就大祸临头了！”

海瑞说：“充军流放，下狱杀头，都甘心忍受。无论如何，也不去做这种用刀在百姓身上剜肉的事情！”

由此可见海瑞为官清正，革除特权，不畏权贵，具有大公无私的品格和公正廉明的工作作风。

当时浙江总督胡宗宪的儿子仗势欺人、作威作福，到处敲诈勒索。一天路过淳安，认为驿吏怠慢，对他招待不周，便借机发作，指使手下人把驿吏倒挂着殴打。

此事报到海瑞那儿，海瑞故意揣摩片刻，便高声吼叫道：“胡总督早就宣布，家眷经过的地方不许铺张，这个人随身带了许多珍宝，肯定是个冒牌货。”喝令衙役把他的东西没收充库，并火速驰报胡总督。

胡宗宪闻报，也只好顺水推舟，不与海瑞为难。

鄢懋卿是权倾朝野内阁首辅严嵩的心腹，持有先斩后奏“尚方宝剑”的都御史。他奉帝命出都巡视，所到之处地方官无不恭迎。有一次鄢懋卿路过淳安，大家深为忧虑，有人劝海瑞通融一下，以免大祸临头。但海瑞置个人生死于度外，硬是不肯屈服，不愿拿老百姓的血汗钱去讨好上司。

海瑞采取“以子之矛攻子之盾”的办法，派人给鄢懋卿送上一封信。信上的大意是：听说都御史吩咐沿途招待要简朴，我很高兴；又听说沿途接待十分奢侈，与您的吩咐完全不一样，令人忧虑。照你的吩咐办，怕怠慢您；铺张浪费招待您，肯定要花很多钱，淳安县小民穷，实在拿不出，您看怎么办？

言事不卑不亢，软中带硬，把难题交给鄢懋卿自己去解答。鄢懋卿知道海瑞刚正廉洁，一时也抓不住他把柄，怕到淳安自讨没趣，只好强按怒火改道而去。

海瑞常说：“人应正直节俭。正直的人必会节俭，因为正直的人明事理。不节俭就很难正直，奢侈浪费与贪污腐化是很接近的。”

海瑞在生活上也十分俭朴，反对奢侈浪费。他没有额外的收入，只靠薪俸过着很节俭的日子。每天粗茶淡饭，十分清苦。他还自己种菜，让家人上山打柴，樵薪自给。

海瑞对家人说：“我的薪俸不高，家中人口又多，一定不可浪费。饭食清淡一些，不要经常买肉。”

有一天，因为海瑞的母亲过生日，他家仆人才破例一次买了 2 斤肉。连总督胡宗宪听到后，也大为惊奇。他对不花钱的酒席饭菜，一口不动；一芥之物，不入私囊；一厘之钱，不送官长。

海瑞在淳安任职 4 年，他关心百姓疾苦，减免赋税，救济钱粮，平反冤狱，做了不少好事，把一个贫穷的小县治理得秩序井然，淳安父老纷纷称他为“海青天”。

1569 年，海瑞就任应天府巡抚。这个职务权力很大，地位显赫，每次出巡，按朝廷规定，前有鼓乐引导，后有护卫，左右有旌旗官牌，三班六役，前呼后拥，十分威风。

海瑞看不惯这一套劳民伤财的做法，很想废除它。于是，就职当日就颁布“督抚条约”，详细规定应天府政治生活的方方面面。其要点是：巡抚出巡禁止各地迎送、禁止装修招待房舍；规定各级官员见巡抚应穿的衣服；禁止大吃大喝、制定饮食标准；禁止非礼之费，禁请托、禁给过往官员送礼；禁假公济私；禁苛派差役。

不久，海瑞出巡的第一个县，就是他十分熟悉的淳安。到了县界果然没有人迎接，住进驿馆，一切也都如旧时一样，没有添置新设备。海瑞对此感到很高兴。

知县送海瑞来到驿馆正厅。海瑞曾多次来过这里。他习惯地站在堂前打量一下全室，然后坐在椅子上休息。陪同的人也都一一入座。

海瑞刚要让县令汇报情况，突然，他觉得椅子有些不对劲。他伸手摸了摸椅子坐垫，心里明白了。他站起身，走到卧室去看一看，卧室里的被褥，还有那椅子的椅垫都换成了崭新的绸缎。

海瑞很生气地质问知县：“三令五申，你怎么明知故犯。我明明记得那旧的绸面并不破旧，为何更换？”

县令面带愧色。海瑞呵斥说：“想让我住得舒服？想让我高兴？对不？我不需要！我看到这些并不高兴！”

县令受到申斥，他并不委屈，只感到海瑞清廉刚正名不虚传。他忙说：“我立即让人们换下，仍恢复原貌。下官一定记住大人的叮嘱。”

海瑞经常微服察访，了解民情、乡情，解决实际问题，让当地百姓难以忘怀。

吴淞江本是太湖水入海的主要通道，白卯河一段因长年失修，河道淤塞，堤岸也有毁坏，影响湖水入海，致使江南过半的麦田泡在水里，灾民纷纷外逃，社会秩序混乱。海瑞在视察灾区之后，提出了“以工代赈”的计划。

根据这个计划，招募大量灾民参加白卯河的疏浚，动员绅士为赈灾捐钱献粮，朝廷把救济粮以工钱的形式发给治水的民工。计划公布后，灾民踊跃参加治水大军，逃荒在外的也返回故里，连应天府之外的农民也赶来了。

海瑞亲临工地，督促大小官员恪尽职守，并严厉惩处了贪污钱粮的官吏。几十万民工干劲十足，仅用56天就完成了吴淞江白卯河疏浚工程。“要治吴淞江，需请海龙王”，这是江南人民对海瑞的赞誉。

明中后期，江南的土地兼并情况日益严重，大地主侵占农民的土地，却把赋税、徭役转嫁给农民，百姓苦不堪言。海瑞决心为国为民治一治侵田的歪风。

退田是棘手的，要扩大影响必须拿最大的地主开刀以打开缺口。江南最大的地主要算松江华亭的退职宰相徐阶，此人家有良田40万亩，多数是从农民手中夺来的。目标选中，海瑞却为难了，因为徐阶是他的救命恩人。

当初，海瑞因给明嘉靖帝上《治安疏》，指责皇帝不理政事而被打入死牢，如果没有徐阶在皇帝面前苦口婆心为他说话，海瑞早已身首异处。为此，他翻来覆去几宿没有睡好，经过激烈的思想斗争，决定从个人恩怨中解脱出来，秉公执法。

海瑞写了《督抚条约》，叫人抄写后送交各府县张贴，既是打招呼，也表明了他对退田的决心。接着，又以私人的名义给徐阶写了一封信，申明“退田”之大义，要阁老好自为之。

徐阶退出了几千亩地，并把为非作歹占民田的儿子关在家里。海瑞自然不肯就此了结，再次写信给徐阶，严肃指出“必须再加清理”，占田的儿子应受惩罚。面对铁面无私的海瑞，徐阶招架不住了。于是，他的两个违法的儿子也给海瑞法办了。

经此一事，江南占田的地主接二连三地把田退了，兼并土地之风得到平抑。

海瑞去世前3天，兵部送来柴火银子，一算多了7两银子，他还让退回去。

去世后，南京都察院佥都御史王用汲去处理海瑞后事，只见用布制成的帏帐和破烂的竹器，有些是贫寒的文人也不愿使用的，因而禁不住哭起来，凑钱为海瑞办理丧事。

海瑞的死讯传出，南京的百姓因此罢市。海瑞的灵柩用船运回家乡时，穿着孝服的人站满了两岸，白衣白帽者望不到尽头，祭奠哭拜的人百里不绝。

海瑞一生大公无私，励精图治，不畏权贵，为国为民，他的刚直不阿的精神，廉洁奉公的高尚品质，受到后人们的怀念、崇敬、爱戴和拥护。几百年来，海瑞的事迹，构成了一个典型的清官形象被广泛传颂。

知其说者之于天下

子曰："禘[1]自既灌[2]而往者，吾不欲观之矣[3]。"

或问禘之说[4]，子曰："不知也。知其说者之于天下也，其如示诸斯[5]乎！"指其掌。

祭如在，祭神如神在。子曰："吾不与祭，如不祭。"

【注释】

①禘：古代只有天子才可以举行的祭祀祖先的非常隆重的典礼。

②灌：禘礼中第一次献酒。

③吾不欲观之矣：我不愿意看了。

④禘之说：说，理论、道理、规定。禘之说，意为关于禘祭的规定。

⑤示诸斯：斯指后面的"掌"字。

【解释】

孔子说："对于行禘礼的仪式，从第一次献酒以后，我就不愿意看了。"

有人问孔子关于举行禘祭的规定，孔子说："我不知道。知道这种规定的人，对治理天下的事，就会像把东西摆在这里一样（容易）吧！"（一面说一面）指着他的手掌。

祭祀祖先就像祖先真在面前，祭神就像神真在面前。孔子说："我如果不亲自参加祭祀，那就和没有祭祀一样。"

孔子认为，在鲁国的禘祭中，名分颠倒，不值得一看。所以有人问他关于禘祭的规定时，他故意说不知道。但紧接着又说，谁能懂得禘祭的道理，治天下就容易了。这就是说，谁懂得禘祭的规定，谁就可以归复紊乱的“礼”了。

【故事】

孟子盖世辩才治国

孟子来到齐国，齐宣王问他：“齐桓公、晋文公在春秋时代称霸的事迹，您可以讲给我听听吗？”

孟子说：“孔子的弟子不谈论他们事迹，因此我没有听说过。就让我讲一讲用德统一天下的王道吧！”

孟子先说齐宣王的不忍看见杀牛而作为祭品的这种仁爱之心就可以在天下称王，还说：“君子对于飞禽走兽，看见它们活着，便不忍心再看到它们死；听到它们悲鸣，便不忍心再吃它们的肉。”

齐宣王听罢，很高兴地问：“我这种心情与王道相合，又是什么道理呢？”

孟子反问齐宣王说：“假定有个人向大王您报告，说我的力气能够举起3000斤重物，却拿不起一根羽毛；眼睛能够看清鸟身上的羽毛，却看不见一车木柴。您肯相信这话吗？”

齐宣王说：“不。”

孟子接着说：“一根羽毛都拿不起，那是不愿用力的缘故；一车木柴都看不见，那是不肯用眼睛的缘故；百姓得不到安定的生活，那是君王不肯施恩于民的缘故。所以，大王不用仁政去统一天下，是不肯去做啊！”

齐宣王微笑着，什么话也说不出来了。

精忠岳飞精忠报国

岳飞是宋代相州汤阴县永和乡孝悌里人，即现在的河南安阳汤阴程岗村，出身于农民家庭。他少年时就爱读《春秋左传》和《孙子兵法》，稍后拜名师学习弓箭和枪法。由于他虚心求教，勤学苦练，练得一身好武艺，十八九岁，就能拉开300斤的硬弓了。

这时候，北方金国兴起，金国四太子金兀术率领大兵南侵。国难当头，为了保家卫国，岳飞毅然应募，经过选拔，被任命为“敢战士”中的一名分队长。20岁的岳飞自此开始了他的军戎生活。从军后的岳飞英勇善战，立了许多战功。

岳飞从军不久，他的父亲岳和病故，岳飞辞别军队，赶回汤阴为父亲守孝。随后，又到河东路平定军投戎，被擢为偏校。靖康元年（1126年）底，北宋朝廷抗敌不力，被金兵占了都城汴梁，皇帝宋钦宗、太上皇宋徽宗及大臣等3000多人也被俘虏了。

北宋都城汴梁被金兵侵占后，宋室南迁，康王赵构在金陵继位，史称“南宋”，康王就是宋高宗。南宋朝廷传下圣旨，聘召岳飞进京受职，率兵讨贼，图复中兴，报仇雪恨。

岳飞接了圣旨，准备投身抗金前线。临行前，岳飞的母亲让岳飞去中堂摆下香案，端正香烛，随后带媳妇一同出来，焚香点烛，拜过天地祖宗。又叫岳飞跪在地上，媳妇研墨。

岳母郑重地说道：“孩儿，做娘的见你应募参军，保家卫国，真是极好。但恐我死之后，你做出些不忠之事，岂不把半世芳名丧于一旦？所以我今日祝告天地祖宗，要在你背上刺下‘尽忠报国’4个字，愿你做个忠臣，尽忠报国，

流芳百世，我就含笑于九泉了！”

岳飞听罢，说道：“母亲说得有理。孩儿生是大宋人，死是大宋鬼，绝不会做不忠不义之事！您就与孩儿刺字罢。”说吧，将上衣脱下，袒露后背，让母亲刻字。

岳母取过笔来，先在岳飞背上写了“尽忠报国”4个字，然后将绣花针拿在手中，在他背上一刺。看到儿子的后背颤抖了一下，心疼地问：“我儿痛吗？”

岳飞道：“母亲刚才轻轻地刺了一下，怎么问孩儿痛不痛？”

岳母流泪道：“孩儿，你怕娘的手软，故说不痛。”说罢，咬着牙根刺起来。

“尽忠报国”4个字刺在肉上，每一个笔画都滴着血，染红了岳母手中的绣花针和毛巾。岳飞的妻子在旁边看了，百感交集，被丈夫的坚强意志震撼了。

岳母刺完，将醋墨涂在字上，使它永远不褪色。岳飞站起来，叩谢母亲训教之恩。

从此以后，“尽忠报国”不仅刻在他的身上，也刻在了他的心中，时刻激励着他保卫大宋江山。“尽忠报国”被后世概括为“精忠报国”，以至于成为中华民族报国精神的精髓。

南宋政权建立后，岳飞以下级军官身份，上书反对宋高宗南迁，要求北伐。不料触怒了主和派，他们以“越职言事”的罪名，革掉了他的军职。但是，岳飞毫不气馁。他所记挂的不是个人的进退荣辱，而是国家的命运和民族的存亡。他在抗金名臣宗泽手下，带领队伍转战黄河南北，深入到太行山下，屡建战功。

由于南宋朝廷坚持妥协投降的政策，金兵乘机南进，跨过黄河，打到了江南。时局的混乱，使岳飞的军队和朝廷失去联系，成为孤军。岳飞不畏艰险，主动出击，在广德六战六胜，打得金兵闻风丧胆。又在常州四战四捷，金兵死伤惨重。

岳飞相继收复了建康和襄阳六郡，使“岳家军”声威大震。宋高宗赵构特赐岳飞一面军旗，上面绣着4个赫赫大字“精忠岳飞”。

靖康耻，犹未雪；臣子恨，何时灭！

这是岳飞著名诗篇《满江红·写怀》中的诗句，岳飞念念不忘抗金收复失地的大业。1140年，岳飞率军挥师北上，“岳家军”以锐不可当之势，连克数城，“精忠岳飞”的战旗所向披靡。

这年7月，岳飞亲自率领一支轻骑进驻郾城。金将兀术则纠集了1.5万名精兵进逼郾城，并拿出了他的王牌军铁浮图军，企图一下子吃掉“岳家军”。

岳飞观察了形势后，深知这将是一场前所未遇的恶战、以寡敌众的硬仗，也坚信自己的将士能够承受严酷的考验。岳飞首先命令儿子岳云率领背嵬军和游奕军骑兵精锐，出城迎击。他神色严毅地对岳云说：“必胜而后返，如不用命，吾先斩汝矣！”

当天下午，岳云舞动铁锥枪，率精骑直贯敌阵。双方的骑兵展开了激烈的鏖战。金兵的后续部队源源不绝地拥来。岳云率领的马军打败敌骑的一次冲锋后，又招致更多的敌骑进行第二次冲锋，如此激战几十回合，形势逐步发展到与金兀术“全军接战”的地步，10余万金军后续军队也陆续开进战场。

岳家军猛将杨再兴扬言要活捉金兀术，单骑冲入敌阵，杀金军将士近百人，他自己也身中数十枪，遍体创伤，仍然战斗不止。在战斗最激烈的时刻，黄尘蔽天，杀声动地。岳飞亲率40名骑兵突进到阵前。这时一个副将急忙上前挽住战马，说：“将军为国家重臣，安危所系，不可亲战！”

岳飞喝道：“身为将军，理当身先士卒！”说罢跃马驰突于敌阵之前，左右开弓，箭无虚发。将士看到统帅亲自出马，顿时士气倍增。金兀术眼见骑兵会战不能取胜，焦躁万分，于是下令将披挂重铠全装的铁浮图军投入战斗。

铁浮图军每3匹马用皮索相连，他们护甲厚重、攻坚能力强，“堵墙而进”，主要用于正面冲击。金军一反以左、右翼拐子马迂回侧击的惯技，改用重装骑兵铁浮图军来进行正面冲击，企图以严整密集的重装骑兵编队来击溃对方较为散乱的骑兵。

岳飞当即命令早已准备好的步兵出动。“岳家军”步兵将士手持麻扎刀、提刀、大斧等以步击骑的利器，专劈马足。只要一匹马扑地，另外两匹马就无法奔驰。步兵与敌骑“手拽厮劈”，铁浮图军顿时乱作一团。

“岳家军”骑兵则专门对付马上的金兵，他们先用长枪挑去金兵的头盔，再用大斧砍掉金兵的脑袋。马上马下紧密配合，把金兵打得人仰马翻。

天色渐渐昏黑，金军重装骑兵铁浮图军损失惨重，一败涂地、狼狈溃逃。金兀术说：“自起兵南进以来，铁浮屠军所向披靡，今天算是彻底完了！”

郾城一战金军惨败，1.5万名精兵被岳飞消灭三分之一。岳家军大获全胜。这就是有名的“郾城大捷”。郾城之战后，岳飞乘胜追击，在朱仙镇，又把金兀术剩下的 10 万大军打得作鸟兽散，狼狈逃窜。

面对英勇善战的岳飞，金兀术再次感叹地说：“撼山易，撼岳家军难！”

喜人的抗金形势，使人民欢欣鼓舞，岳飞也非常兴奋，他充满信心地对部将说：“直捣黄龙府，与诸君痛饮尔！”可是，正在这时，朝廷在一天内连下 12 道金牌，要岳飞“立即退兵”。

原来，金国在无力攻灭南宋的情况下，准备重新与南宋议和。宋朝廷乘机开始打压手握重兵的将领，尤其是坚决主张抗金的岳飞。宋高宗和秦桧害怕岳飞继续前进，会阻碍他们的议和计划，也害怕胜利后更加强大的“岳家军”会威胁他们的地位。因此，就以“孤军不可久留”为借口，下令岳飞退兵。

岳飞望着抗金义士用生命和鲜血换来的中原沃土，泪流满面，他愤愤地说：“十年之功，废于一旦！所得诸郡，一朝全休！”

奸臣当道，忠良遭殃！1142 年，秦桧以“莫须有”的罪名杀害了岳飞。

岳飞虽然被奸臣害死，但是，他“精忠报国”的爱国主义精神并没有死，岳飞的名字已深深刻在世代人们的心中，而秦桧等人却被铸成铁像反剪双手，长跪于英雄的墓前，千秋万世受到人们的唾骂。这正表达了我们民族鲜明的忠奸是非观念和爱憎之情。

陆游的爱国壮志雄心

陆游是南宋越州山阴人，越州山阴即现在的浙江绍兴。他自幼好学不倦，12 岁即能诗文，有“小李白”之称。17 岁便有诗名。

陆游的父亲是具有爱国思想的正直士大夫，所结交的也多为爱国之士。父亲经常与朋友在家中聚会，谈论国事，每当说到金人入侵，他们无不咬牙切齿，痛哭流涕，意欲收复中原。

父辈们的爱国思想和高尚情操，对陆游耳濡目染，熏陶默化，忧国忧民的思想感情在陆游心里生了根，使他从小就决心献身抗金事业，立下了“上马击狂胡，下马草军书”的爱国壮志。

为了实现这一壮志，陆游不仅习文，而且学武。他曾研读兵书，还花了很长时间从师学习剑术。剑术的学习，培养了他英勇豪爽的气概，锻炼了他刚健强壮的体魄。

1153 年，陆游赴临安应试进士，取为第一，而秦桧的孙子秦埙居其次，秦桧大怒，欲降罪主考。第二年陆游参加礼部考试，主考官再次将陆游排在秦埙之前，竟被秦桧除名。

奸臣秦桧死后，陆游出任福州宁德县主簿。1163 年宋孝宗即位后，以陆游善辞章，熟悉典故，赐其进士出身。历任枢密院编修官兼编类圣政所检讨官、通判、安抚使、参议官、知州等职。

陆游在做官期间，做了许多爱国、爱民之事，如在大灾之年，开官仓赈济饥民；也曾为收复失地、统一国家积极出谋划策。

1161 年，陆游因抗金名将王炎之请，千里迢迢从家乡山阴来到南郑“干

办公事”，亲着戎装戍守在大散关头。无论是诗人的人生理想的实现还是诗歌成就的取得，南郑岁月都是一个划时代的里程碑。

陆游当时身着戎装，率领将士戍守在大散关头，在风雪之夜布置骑兵突袭敌营，活捉俘虏，以摸清敌情，他还参加过渭水的强渡和大散关的遭遇战。

大散关一带，山高林密，当时又是抗金前线，居民稀少，所以时有猛虎出没伤人。为了为民除害，陆游曾在深山密林中手刺猛虎。他在《闻虏乱有感》中记述此事：

前年从军南山南，夜出驰猎常半酣。

玄熊苍兕积如阜，赤手曳虎毛毵毵。

陆游还考察了大散关一带“地近函秦气俗豪”的山川形势和民情习俗，在此基础上形成了他“却用关中作根本”的战略思想。他积极向王炎陈进取之策，以为“经略中原必自长安始，取长安必自陇右始。当积粟练兵，有衅则攻，无则守”。

陆游的进取方略虽得到王炎的赞同，却不见朝廷接受。随着王炎被朝廷召回，幕府解散，陆游在大散关所呈的收复中原主张终成泡影。

大散关一带的雄关沃野，铁马秋风的军营生活，北方民众的自发抗金、驰寄密报的忠义之举，不但进一步激发陆游的爱国热情，影响着陆游的思想性格，也使他的诗歌创作从思想深度到创作风格都发生了前所未有的变化。

诗人后来回顾这种创作思想和风格变化时，曾写了一首有名的《九月一日夜读诗稿有感走笔作歌》，诗中写道：“我昔学诗未有得，残余未免从人乞。力孱气馁心自知，妄取虚名有惭色。”

在南郑经历了一段紧张丰富的军中生活后，陆游诗作的主调仍是抗金之志、报国之情。如在《山南行》中，他思考的则是经略中原的用兵主张：“国家四纪失中原，师出江淮未易吞。会看金鼓从天下，却用关中作本根。"

在《和高子长参议道中二绝》一诗中，表白的则是收复失地的美好前景："莫作世间儿女态，明年万里驻安西"；甚至看到瀑布，也从中感激到报国之情，如在《蟠龙瀑布》中说："意气忽感激，邂逅成功名。"

陆游离开南郑后的30多年间，不断有诗作回忆这段难忘的军中生活，前后共有300多篇，其中包括几乎人人能诵的《书愤》中的"楼船夜雪瓜洲渡，铁马秋风大散关"，《诉衷情》中的"当年万里觅封侯，匹马戍梁州"等。

大散关一带的军旅生活，是陆游一生唯一的一次亲临抗金前线，也是诗人力图实现自己爱国之志唯一的一次军事实践。

因为陆游始终坚持抗金救国的主张，多次遭到了投降派的陷害、打击和排挤，但他对自己的理想始终坚信不疑。直至晚年病重时，报国信念和爱国热情仍然不减当年。

1210年春，这位85岁高龄的爱国老诗人病在床上已经有100多天了，吃药也不见效，病情越来越严重。他的亲朋好友知道他将不久于人世，都纷纷前来探望。

在最后几天里，陆游已茶饭不进，不能说话了。全家人围在他身边，满含热泪，悲痛万分。这一天，陆游忽然示意家人要坐起来，家人只好扶着他坐好。他又让家人把窗户打开。大家怕他受风，承受不了，不肯开。陆游显出十分急躁痛苦的样子，家里人只好给他开了窗户。

此时，陆游透过窗口，翘首北望，眼含热泪，思绪难平。他生活在民族矛盾最尖锐的时期，亲眼看到金兵蹂躏中原人民，曾多次表示要挥戈跃马收复失地，统一国家，但都被南宋朝廷拒绝了。

国仇未报，他的一腔爱国热情也只好倾注笔下。他的强烈的爱国热情，有增无已，"一闻战鼓意气生，犹能为国平燕赵"；他的报国壮志，老益弥坚，"壮心未与年俱老，死去犹能做鬼雄"；他的收复中原的信念，至死不渝，"僵卧孤村不自哀，尚思为国戍轮台”。

几十年过去了，山河依然破碎，百姓仍遭涂炭，自己壮志未酬，所有这些，怎能不叫他“悲歌仰天泪如雨”？

诗人明白自己就要离开人世了，他又看了一会儿窗外，忽然指指书案，家里人明白，他要写诗。儿子端来了笔砚，跪在他身边。

陆游那颤抖的手拿起笔刚刚写了“示儿”两个字，便喘成一团。但他不肯作罢，用尽最后的力气，哆哆嗦嗦地写道：

死去原知万事空，但悲不见九州同。

王师北定中原日，家祭无忘告乃翁。

意思是说：个人生死原是没有什么值得留恋的，可悲的是不能再看到国家山河的统一；等到有一天朝廷的军队收复了中原失地，家里举行祭祀时，千万不要忘了把好消息告诉你们的父亲啊！

陆游，这位伟大而杰出的爱国诗人，直至临终，心里念念不忘的，仍然是国家领土的完整，国家的统一。这种至死不渝的报国信念，这种炽热的爱国激情，多少年来同他那不朽的诗作一样被人们传诵，直至今天还在激发国人的爱国热情。

辛弃疾的爱国情结

南宋词人辛弃疾与陆游有许多相似之处：他们始终把洗雪国耻、收复失地作为自己的毕生事业，并在自己的文学创作中写出了时代的期望和失望、民族的热情与愤慨。

辛弃疾是南宋时期历城人，就是现在的山东济南。他成长于金人的统治之下，金代统治者推行的一系列种族歧视政策给广大人民带来的深重苦难，深深刺痛了他的心，使他从小就对这种野蛮的民族掠夺痛恨已极。

辛弃疾的祖父辛赞经常对辛弃疾进行爱国主义教育，所以，辛弃疾很早就立下了恢复中原，统一国家的壮志。为此，他勤奋读书，刻苦锻炼体魄，20多岁便文才出众。

辛弃疾22岁那年，金主完颜亮带领大军，南下侵宋，金军后方空虚，中原地区的英雄豪杰趁机“屯聚纷起”，进行反抗。辛弃疾也毅然投笔从戎，组织起2000多人的队伍，参加了耿京领导的农民起义军，并以其文才当上了起义军的“掌书记”，掌管起义军的大印和书檄文件。

为了扩大力量，辛弃疾说服了一个叫义端的和尚，带了1000多人马来投耿京。不料义端不怀好意，竟然在一天晚上偷了起义军大印，逃奔济南去投降金人。辛弃疾得知消息后，怒火从心而起，立即骑上耿京的乌龙马去追义端。在郓州通往金朝军营的山路上，义端骑着马在前面飞跑，辛弃疾在后面策马紧追，只见两团黄尘滚滚向前。

辛弃疾终于追上了义端。义端慌了手脚，满脸堆笑地对辛弃疾说："兄貌似青兕，勇猛过人，还望看在往日情分，饶我一回。"

辛弃疾毫不理会，怒睁双目，挥剑将和尚斩于马下，终于夺回了印信。辛弃疾以自己的正义行动，在义军中赢得了威望。

义军在发展，但辛弃疾却忧虑地看到，义军人数虽有20多万，但由于是孤军作战，又缺少训练，一旦与金军铁骑进行大战，势必难以取胜。因此辛弃疾劝导耿京南归宋朝，和官军共同抗金。

耿京采纳了这一建议，并派辛弃疾代表义军去和宋朝廷联系。辛弃疾顺利地完成了任务，然后立刻策马北归，急于把这一好消息向耿京传述。

不料，行至海州，即现在的江苏东海附近，一个惊人的消息传来：在敌人的诱降政策挑动下，义军中发生了哗变。叛徒张国安杀了耿京，劫持义军投降了金人，并被封为济州的州官。

听到这一消息，辛弃疾怒火中烧，他决心除掉叛贼，为耿京报仇。他带了50名勇士，快马加鞭直奔济州张国安的营帐。看见张国安正同金将正在宴席上喝酒作乐，气得他眼睛都红了。

辛弃疾趁其不备，带领勇士一拥而上，以迅雷不及掩耳的动作杀了金将，把张国安捆绑在马上，同时向其部下声言，朝廷10万大军随后即到。张国安的部下不少是义军旧部，所以当场就有上万人起来反正。

辛弃疾押着张国安，率领这上万人马，迅即掉头南下，一路上战胜了金兵的围追堵截，终于回到了南宋。

辛弃疾惊人的英勇爱国行为，使南宋朝廷大为震惊。宋高宗便任命辛弃疾为江阴签判，从此开始了他在南宋的仕宦生涯。而这时的辛弃疾才25岁。辛弃疾抱着抗金的理想南归，但南归后却是那样地不如意。他非但不能跃马横刀于疆场，运筹策划于帷幄，反而不断受到投降派的打击、排挤，最后竟被罢官。

有心报国，却报国无门，辛弃疾茫然，痛苦，无限悲愤。所谓“愤怒出诗人”，慷慨激越的辛词，正是这种愤怒的艺术结晶。

辛弃疾的词充满深厚的爱国热情和挽救国家危亡的雄心壮志，“要挽银河仙浪，西北洗胡沙”“平戎万里，整顿乾坤”。

辛弃疾的词也表露了他壮志未酬的忧愤之情。

长安故人问我，道寻常、泥酒只依然。

目断秋霄落雁，醉来时响空弦。

追往事，叹今吾，春风不染白髭须，

却将万字平戎策，换得东家种树书。

辛弃疾的爱国辞章，慷慨悲壮，不仅真挚动人，而且热情澎湃，具有强烈的感染力。

他的《议练民兵守淮疏》，表达了他强烈的爱国主义感情，对战争形势的鞭辟入里的深刻分析和鲜明而又具体的对策。表达了他慷慨激昂的爱国感情，反映出忧国忧民“道男儿、到死心如铁。看试手，补天裂”的壮志豪情和以身报国的高尚理想。

再如他的《美芹十论》，这是一部很好的军事论著。其中《察情》一篇论道:“两敌相持，无以得其情则疑，疑故易骇，骇而应之必不能详; 有以得其情则定，定故不可惑，不可惑而听彼之自扰，则权常在我而敌实受其弊矣。”

此说可谓得兵家虚实理论之精华。古代的空城计、空营计之所以得行险而稳成，其妙处也不过在此而已。但直陈此妙、直捣关键枢要之处，辛弃疾可谓第一人。

自从辛弃疾的《美芹十论》献给朝廷之后，人们就把“美芹”和“悲黍”共同作为忧国忧民，悲国家之颠覆的代名词了。

一支熊熊的火炬，燃烧到了尽头，1207 年，辛弃疾终于怀着忧愤的心情与世长辞。临终前，还连呼数声“杀贼”，显示出爱国词人的心始终没有离开抗金的战场。

文天祥正气以死报国

文天祥是南宋吉州庐陵人，即现在的江西吉安。他从小就喜欢读书，尤其爱读忠臣烈士的传记，这些传记给他很大的教育。

有一天，文天祥来到吉州的学宫瞻仰先贤遗像。他看到吉州的欧阳修、杨邦乂、胡铨的遗像肃穆地陈列其中，十分钦佩和敬慕。这些忠烈之士都是本乡本土的人，他们能做到的，他觉得自己也要做到。

1256 年，文天祥赴京师临安参加科举考试。考官把他的卷子列为第七名，宋理宗亲临集英殿阅读考生的卷子，亲定名次，把文天祥取为一甲第一名，时年文天祥 21 岁。

文天祥所处的时代，正是蒙古统治者向南方不断进犯的时代。面对强悍的蒙古铁骑，文天祥力主抗元。他知道自己人微言轻，而且多言招祸，可面对社稷人民，他选择毫不犹豫地挺身而出，向皇帝上书，指出迁都之议是小人误国之言，应以斩首。还建议改革政治、扩充兵力、抗元救国。可惜宋理宗没有采纳他的建议。

1260 年，文天祥被任命为建昌军仙都观的主管。由于皇帝不纳谏，重用奸臣，文天祥愤而辞职，后被朝廷贬到地方上任职，治理今江西高安市，当时称为“瑞州”。

瑞州曾遭蒙古人蹂躏。文天祥履任后实行宽惠政策，尽力安抚百姓，筹集资金建立“便民库”，供借贷和救济之用，使地方秩序重新恢复起来。他还修复了一些古迹如“碧落堂”、“三贤堂”等，新建“野人庐”、“松风亭”等，以发扬先贤的民族正气，鼓舞人民的爱国精神。瑞州在文天祥治理下，百废俱兴。

1273 年，朝廷起用文天祥为湖南提刑，掌管狱讼，他推辞不了，唯有启程上任。随后被委任为赣州知州。在赣州期间，他办事分外勤谨，主张对人民少用刑罚，多用义理，所属 10 个县的人民对他非常爱戴，加以这年风调雨顺，稻谷丰收，出现了短暂的安乐景象。

在赣州不到一年蒙古军大举南侵，南宋到了最危险的时刻，文天祥结束了 15 年的宦海浮沉，踏上戎马征途。

1275 年年初，文天祥接到朝廷专旨，命他疾速起发勤王义士，前赴行在。文天祥立即发布榜文，征募义勇之士，同时筹集粮饷。他捐出全部家财做军费，把母亲和家人送到弟弟处赡养，以示毁家纾难。

在文天祥的感召下，一支以农民为主、知识分子为辅的爱国义军在极短时间内组成，总数达 3 万人以上。起兵勤王在文天祥的生活中揭开了新的一页。

文天祥起兵后，积极要求奔赴前线阻击元军以扭转战局。但遭到朝廷中主和派权臣阻挠。文天祥愤而上书抗辩，社会舆论普遍支持他，连太学生也上书抨击投降派。在各方面舆论压力下，朝廷终于颁旨召文天祥领兵入京。

1275年，文天祥率部到达临安，一路秋毫无犯，声望大振。不久常州告急，朝廷命文天祥率军保卫平江。

文天祥从大局出发，派义军重要将领尹玉、朱华、麻士龙率3000人归张全节制，增援常州兵力。这时，蒙古铁骑攻破常州、平江后，临安危急。主和、主战两派意见分歧各行其是。文天祥和江万载、张世杰主战，三人联名奏请朝廷背城一战。但他们的救国方略得不到朝廷支持。

1276年，蒙古铁骑三路兵马围困临安。朝廷命文天祥为右丞相兼枢密使，出使元军大营，以便一窥虚实。文天祥以浩然的正气与蒙古交涉，却被蒙古统帅伯颜扣留。

文天祥虽然被拘禁，但不甘心失败，又不肯归顺。伯颜没有办法，决定把他送往元大都。在途中，文天祥逃去，辗转回到南宋管辖的地方。

文天祥计划在闽、广重举义旗，团结各方义兵，统一部署，复兴南宋。他在南剑州开督府，福建、广东、江西的许多文臣武将、地方名士、勤王军旧部纷纷前来投效，很快组成了一支督府军，规模、声势比勤王军大得多。

在文天祥的领导下，江西的抗元军事行动进行得如火如荼。各方义军配合督府军作战，分别夺回会昌、雩都、兴国，分宁、武宁、建昌等地。临川、洪州、袁州、瑞州的义兵都来请求督府节制。文天祥统一部署，挥师席卷赣南，收复了大片失地。

蒙古铁骑发起大规模的进攻。文天祥被朝廷外派南剑州开督府，由于文天祥督府军没有作战经验和严格训练，战斗力不强，在元军铁骑猛烈地冲击下，文臣武将或死或降，文天祥一家只剩下老少三人。

虽然文天祥受着国破家亡和妻离子散的巨大打击，但没有动摇其抗元意志。他带兵入粤，在潮州、惠州一带继续抗元。

1278 年，文天祥不幸在五坡岭被一支偷袭的蒙古铁骑俘获。他吞下两粒龙脑毒药自杀守节，但药力失效，未能殉国。

元将张弘范看见文天祥，连忙上前相迎，文天祥却转过身体，以脊背相对。张弘范恬不知耻地说：“文丞相，你的为人我一向敬佩。古人说，识时务者为俊杰，只要你写一封信给张世杰叫他投降，那么，你还可以当丞相。”

张弘范原是南宋将领，后来为了个人富贵，投降了元军。文天祥怒斥他道：“无耻之尤！”

张弘范说：“文丞相，刚者易折啊！”

文天祥断然说道：“宁折不弯！”

张弘范“嗖”地抽出寒光逼人的宝剑说：“你硬还是我的剑硬？”

文天祥神色坦然，大步向剑尖撞去。

张弘范顿时吓得连连退步，祈求地说：“文丞相，何必轻生呢？你给张世杰写封信吧！”

文天祥站住，说道：“拿纸笔来！”张弘范以为劝降成功，喜形于色，赶紧递过纸笔，只见文天祥挥笔疾书：

辛苦遭逢起一经，干戈寥落四周星。
山河破碎风抛絮，身世飘摇雨打萍。
惶恐滩头说惶恐，零丁洋里叹零丁。
人生自古谁无死，留取丹心照汗青。

写完，文天祥冷笑一声说：“你拿去吧。我兵败被俘，再不能捍卫父母之邦，已深感无地自容。怎能写信去叫别人背叛国家呢？只有你这样的软骨头，才甘心做元军的奴才！”

张弘范又向文天祥劝降说："现在宋朝已亡，你的责任尽到了，如果你投降元朝，仍然可以做宰相。"

元朝廷看到劝说无用，就把文天祥上了刑具，关在一间阴暗潮湿的监牢里。就在这样的牢房里，文天祥被关了 4 年，受尽了各种各样的苦难和折磨，但丝毫没有动摇他一死报国的决心。

在这里，他写了许多诗篇，《正气歌》就是其中最著名的一篇。它表达了文天祥反抗元军的思想感情，同时歌颂了春秋战国时期许多忠君爱国的勇士，他决心要向他们学习，保持自己的浩然正气，决不贪生怕死，屈膝投降。

文天祥的妻子欧阳夫人和两个女儿柳娘、环娘被元军俘虏后送到大都，元朝廷想利用骨肉亲情软化文天祥。文天祥一共育有两子六女，当时在世的只剩此两女，年龄都是 14 岁。

文天祥接到女儿的信，虽然痛断肝肠，但仍然坚定地说："人谁无妻儿骨肉之情，但今日事已如此，于义当死，乃是命也。奈何！奈何！"又写诗道："痴儿莫问今生计，还种来生未了因。"表示国既破，家也不能全，因为骨肉团聚就意味着变节投降。

元朝廷看到文天祥不肯投降，还是不死心。最后，元世祖皇帝忽必烈决定亲自劝降。忽必烈见到文天祥时，文天祥不肯下跪，忽必烈的左右强行要他下跪，文天祥坚立不动，从容地说："我大宋已经灭亡了，我应当赶快死！"

忽必烈劝诱说："你只要用对待大宋的心来对待我，我就封你做宰相。"文天祥仍不理睬。忽必烈又说："你如果不愿做宰相，就请你做别的官，怎么样？"

文天祥斩钉截铁地说："我只求一死就够了！"

1283 年，文天祥被押赴刑场。这一天，兵马司监狱内外，布满了全副武装的卫兵，戒备森严。上万市民听到文天祥就义的消息，就聚集在街道两旁。从监狱到刑场，文天祥走得神态自若，举止安详。

临刑前，朝廷官员问他说："你有什么话说，告诉皇帝，还可以免死。"他回答："死就死，还有什么话可说！"他没有忘记南方的国家，向南方下拜说："我能够报国的机会，也已经完了。"说完，从容就义，年仅 47 岁。文天祥遇害后，文夫人在收殓他的遗体时，发现他的衣袋里写着下面一段赞词：

孔曰成仁，孟曰取义，
惟其义尽，所以仁至。
读圣贤书，所学何事，
而今而后，庶几无愧！

文夫人向文天祥的遗体致哀，含着眼泪默念："夫君，你的死，重于泰山；我一定把你的遗言传给子子孙孙。"

在国运衰颓的危急时刻，文天祥为挽救国家危亡，以"留取丹心照汗青"的气概，进行了百折不挠的苦斗。他以死卫国的精神，已经成为中华民族精忠报国世代相传的典范。

其媚于奥，宁媚于灶

王孙贾[1]问曰："与其媚[2]于奥[3]，宁媚于灶[4]，何谓也？"

子曰："不然。获罪于天[5]，无所祷也。"

子曰："周监[6]于二代[7]，郁郁乎文哉，吾从周。"

【注释】

①王孙贾：卫灵公的大臣，时任大夫。

②媚：谄媚、巴结、奉承。

③奥：这里指屋内位居西南角的神。

④灶：这里指灶旁管烹饪做饭的神。

⑤天：以天喻君，一说天即理。

⑥监：同鉴，借鉴的意思。

⑦二代：这里指夏代和周代。

【解释】

王孙贾问道："与其奉承奥神，不如奉承灶神。这话是什么意思？"孔子说："不是这样的。如果得罪了天，在哪里祷告也没有用。"

孔子说："周朝的礼仪制度借鉴于夏、商二代，是多么丰富多彩啊。我遵从周朝的制度。"

孔子对夏商周的礼仪制度等有深入研究，他认为，历史是不能割断的，后一个王朝对前一个王朝必然有承继，有沿袭。遵从周礼，这是孔子的基本态度。但这不是绝对的。

【故事】

孔子听乐曲讲治国之道

孔子是一位多才多艺的人，他自幼喜爱音乐，尤其是对传统性的音乐特别喜欢。他好学不倦，不耻下问，因此掌握了多方面的音乐技巧。他会击磬、鼓瑟、弹琴、唱歌、作曲等。孔子曾问礼于老聃，学乐于苌叔，学琴于师襄等人。

孔子 35 岁那年，鲁国国内发生动乱，孔子怕遭到灾祸，带着几个弟子逃到齐国。一天，齐国的乐人专门为孔子演奏《韶》的乐曲。孔子听得非常高兴。不久，齐国的乐人又为孔子演奏了《武》的乐曲。孔子听了，也觉得音调很动听，只是表达的意思还不够完整。

有人问孔子说：“先生，《韶》和《武》您都欣赏过了，请您讲讲看法！”

孔子说：“当然是《韶》乐好呀！它的曲调美极了，而且表达的意思也极好。至于《武》乐嘛！它的曲调也美极了，只是意思还不够好。”

孔子为什么作这样的评价？原来，《韶》乐是虞舜时代的乐曲，孔子向往那个时代，所以极力赞美它；而《武》乐是周武王时代的乐曲，周武王的天下是由讨伐商纣才得来的，孔子喜欢文治而不喜欢武治。因此他就说《韶》乐好，《武》乐比不上《韶》乐。

郭子仪公而忘私的奉献

唐代克己奉公的为政典范，还有大名鼎鼎的唐代中期名将郭子仪。他的奉献精神，一直为世人所称道。

郭子仪与李光弼同为安思顺的麾下将领时，两人不融洽。后来，安禄山造反，皇帝命郭子仪做朔方节度使，李光弼成为他的部下。当时的节度使是战区司令长官兼行政长官，权力极大。

郭子仪当节度使后，李光弼惶惶不可终日。此时朝廷让郭子仪保举一人去平定河北。郭子仪秉公荐才，认为李光弼能担此任，于是就推荐了他。皇帝当即命令李光弼领一部分郭子仪的兵东征。

李光弼误以为郭子仪想借刀杀人，故意把他送到危险的地方去送死。但君命难违，临行前专门拜会郭子仪，对郭子仪下跪请罪说："我甘愿一死，只希望你放过我的妻子和儿子。"

郭子仪知道李光弼误会了自己，就走下堂来，握住李光弼的手，流着泪说："如今国家动乱，主人受人侮辱，您堪当此任，我郭子仪又怎能心怀私怨呢！"

郭子仪对李光弼用忠义之道加以勉励，并让他立即去担任河北、河东节度使。郭子仪分兵给李光弼。两人相别时握手流泪，相勉报国，一起攻破乱贼。从此以后，两人之间没有丝毫猜忌了。

郭子仪、李光弼两人亲密合作，使唐王朝免于亡国危机，以至于后来唐肃宗李亨对郭子仪说："这虽是我的家国，但实由卿再造！"

郭子仪由于战功卓著，功勋太高，经常横遭一些小人的嫉妒。但他能忍常人所不能忍，容常人所不能容，总是以德报怨。

当郭子仪在前线泾阳为国浴血奋战时，却有人在后方挖了郭家的祖坟。郭子仪知道这件伤天害理的事是当朝宦官鱼朝恩干的。鱼朝恩一向嫉妒郭子仪，多次进谗言诬陷郭子仪。

郭子仪从泾阳返回朝中，满朝文武都以为郭子仪将与鱼朝恩大动干戈。然而郭子仪在皇上面前却绝口不提此事。

直至皇上问起此事时，郭子仪才边哭边说："臣一直在外面带兵打仗，却不能禁止手下的士兵挖别人的祖坟。如今有人挖了臣的祖坟，这是臣的过错招致上天的责罚，这是老天的报应，并不是有谁故意和我过不去。"一场随时可能发生的血腥争斗，就这样由郭子仪的忍让而得以化解。

不久，鱼朝恩派人请郭子仪到自己家中赴宴。很多人都认为鱼朝恩不怀好意，设的是鸿门宴，劝郭子仪不要理睬，但郭子仪却执意要去。眼看拗不过郭子仪，他的许多部下就决定带兵器随行保护，可是郭子仪也不同意，最后只带了几个仆人前去赴宴。

鱼朝恩见郭子仪如此坦然，心中十分惭愧，对郭子仪说："你真是长者，对我毫无疑心啊！"此后，鱼朝恩渐渐改变了对郭子仪的态度，在许多朝政上尽量给郭子仪提供方便。

郭子仪位高权重，但却从不居功自傲、盛气凌人。他对待部下不打骂，不训斥，如同亲人一般。他领兵打仗，特别注意保护老百姓，于民秋毫不犯。

当时的唐王朝，由于发生“安史之乱”，社会经济遭到极大的破坏，百姓生活负担很重。郭子仪为了尽量不损害百姓的利益，多年坚持亲自耕种，他手下的军队军屯也开展得很好。

“安史之乱”时，叛军方面有一员叛将叫田承嗣，带兵占据了魏州，在当地十分蛮横，飞扬跋扈。郭子仪以礼相待，派使者去劝诫。

田承嗣听说是郭子仪派来的人，十分恭敬，并跪倒在地，向郭子仪所在的方向遥拜，并对使者说：“我已经很久不向别人下跪了，但是郭公值得我下跪。”

郭子仪忠君爱国，从无非分之想。他生有八子七女，儿子和女婿全部都在朝廷担任要职，其中六子郭暧与皇帝的女儿升平公主结婚。

781 年，郭子仪寿终正寝，享年 85 岁。唐德宗李适十分悲痛，下诏停朝 5 日，君臣依次到府第吊唁，皇帝还到安福门临哭送行。

按唐代律令，一品官坟墓高 6 米。唐德宗专门下诏，特许郭子仪陪葬唐肃宗陵，坟比同等官职的人加高一丈，用以表彰郭子仪的巨大功绩。生前死后，哀荣始终。

郭子仪为了公事而不考虑私事，为了集体利益而不考虑个人得失。这种公而忘私精神，是一种奉献精神，为自己所从事的职业尽职尽责，无私奉献。这也是中华民族的传统美德，值得每个人去学习。

刘晏克勤克俭只为公

如果把唐代克己奉公的为官理政者列个名单，可以填上去很多人的名字，这之中除了魏徵、姚崇、郭子仪外，还有两袖清风的理财能手刘晏。

刘晏，唐代曹州南华人，就是现在的山东东明县。他自幼天资颖悟，少年时期十分勤学，才华横溢，号称“神童”，名噪京师。

刘晏8岁时，唐玄宗李隆基封泰山，刘晏因献作品《颂》而得到了皇帝召见。唐玄宗对他大加赞赏，让他到秘书省任职。从此刘晏勤奋苦读，博览群书，四处求教，这对他后来的施政改革，产生了重大影响。

刘晏为官多年，历任吏部尚书同平章事、度支使、铸钱使、盐铁使等，实施了一系列的财政改革措施。因善于管理经济，官至左仆射，负责全国财政。

刘晏手中虽然掌管着全国亿万钱财，而自己的生活却十分俭朴。他的马车是旧的，穿的衣服也很平常，几乎与普通百姓一样。

这一年冬天，有一次刘晏办完公务准备去上早朝，正赶上天下起了鹅毛大雪。刘晏使劲地搓着几乎冻僵的双手，对车夫说：“我们找一家店铺，买一些早点充饥，然后再去上早朝吧！”

车夫答应着，将马车停在一家店铺前。刘晏走下车子，步入食杂店。他一看价格，比别的店贵，二话不说，转身就退出店外。

刘晏与车夫继续往前走，在一家价格便宜的烧饼铺前停了下来。他对车夫说：“你去买些烧饼，够我们两人吃的就可以了。”

车夫买来了热气腾腾的烧饼，刘晏急忙摘下帽子，将烧饼放在里面，然后，就和车夫一起站在雪地里吃了起来。

就在这时，有几个也要上早朝的官员看到刘晏站在雪地里啃烧饼的样子，小声讥讽，有的说："刘晏身为国家财政大臣，这样太寒酸了。"还有的说："嘿，他怎么跟乡下佬似的！"

刘晏听到了，毫不在意说："这烧饼真好吃！"

刘晏的家位于闹市，居住人口杂乱。他的宅院无高楼亭阁，也无奇花异草。因此，朋友们劝他换个地方重新修座庭院，也好风光风光，而刘晏却笑而不答，仍然住在原处。

刘晏赶上了"安史之乱"的特殊时期。为挽国家之倾危，解人民于倒悬，他身体力行，呕心沥血，几十年如一日，孜孜不倦，上朝时骑在马上，心里还在筹算账目，退朝之后，就在官署批阅文卷，常常是秉烛夜分。

刘晏理财以养民为先。他把赋税的增加建立在户口增加的基础上。他的增加赋税收入的办法，不是单纯依靠增税，而是通过实行有利于人民休息的政策，以促进人口的增加和生产的发展，使税源得以扩大。

刘晏在任转运使时，改革转运制度，采取雇佣劳动的办法，这是一项有利于人民休养生息的措施。在刘晏任转运使的初期，全国户口只有 200 万，后来增加到 300 余万，而且增加的都在刘晏所管辖的地区。"养民为先"的政策确实取得了一定的效果。

在赈济贫民问题上，刘晏有独特的主张，他不赞成进行无偿的赈给。在发生灾荒时，他除了及时进行减免赋税和必要的贷放外，主要是利用常平法，"丰则贵取，饥则贱与"，在灾区出卖粮食，收购其他杂货，运往别处出卖或留给官府自用。他认为这样做既不会造成国用的不足，又能使"下户力农"得到实际好处。

由于刘晏的理财方针、措施和办法适应了唐王朝经济残破的局面和当时社会的需要，所以使唐王朝的经济得到了恢复和发展，人民也得以养息。

刘晏饮食简素，室无婢妾，去世时只留下两车书籍和几斗米麦。在当时的情况下，一个理财大臣，能够如此两袖清风，是非常值得称道的。无怪乎人们经常把他与管仲、萧何相提并论，可谓青史留名。

陆贽以天下之事为己任

陆贽也是唐代克己奉公的典范。他为国为民，献计献策，是以天下为己任的济世治国之才。陆贽在少年时就才智超群，志向非凡。18 岁考中进士，从此，走上了济世治国的道路。

784 年，发生了泾原兵变，30 岁的陆贽随唐德宗皇帝出征。在此期间，他日理万机，并上书皇帝，请皇帝下罪己诏书，以此激励将士，报国平叛。唐德宗虽不情愿，但仍采纳了陆贽的建议。

陆贽为唐德宗起草的诏书《奉天改元大赦制》，情词恳切，深自痛责。颁行天下后，前线将士为之感动，有的叛乱者听到后痛哭，上表谢罪。

这年冬天，一些大臣为讨好唐德宗，请唐德宗加尊号“圣神文武”，以显帝威。

陆贽上书唐德宗，恳切地指出：“现在是动乱之时，人心向背之秋，皇帝应注意收揽人心，检讨自己，不应只注重增加美名。”

陆贽认为，“与其增美称而失天下，不如废旧号而尊天戒”，极力劝皇帝不要重名而失德于天下，应该放弃加号这一不合时宜之举。

由于陆贽善于预见，措施得宜，力挽危局，唐王朝摇摇欲坠的局面得以转危为安。鉴于陆贽的功绩，788 年 4 月，唐德宗任命陆贽为中书侍郎，成为中书省固定编制的宰相。身居高位，他决心“以天下为己任，全心报国”。

陆贽主政期间，公忠体国，励精图治，具有远见卓识。在当时社会矛盾深化，唐王朝面临崩溃的不利形势下，他指陈时弊，筹划大计，为朝廷出了许多善策。他总结历代兴衰的经验，吸取贾谊《治安策》中所阐发的加强中央集权思想，认为只有加强中央实力，削弱藩镇势力，居重以驭轻，才能安定。

他继承《论语》中“百姓足，君孰与不足？百姓不足，君孰与足”的思想，强调民富才能国富，民为邦之本，财为民之心。

他上疏提出：“均节赋税恤百姓六条”，系统地阐述了恢复和发展封建经济进行改良的思想。并提出“养人资国”的主张，认为只有“养人”，充分使农民的个体经济得到发展，发挥他们在生产力方面的作用，才能尽可能创造更多的物质财富，使民富国强。

他认为能否正确使用人才，是关系到国家存亡的大问题。要想使大唐有所振作，不整顿吏治、广开才路是不会取得什么成效的。他向唐德宗提出了“求才贵广，考课贵精”的重要原则。

“求才贵广”就是要求广泛地选拔人才；“考课贵精”就是依据一定的标准进行考核，加强吏治的管理，以便高标准地培养地主阶级的官吏。

他建议军队加强训练，严明纪律，又要抚以恩惠，安排好家属，安乐其居，使之思想稳定，才能发挥战斗力。同时，建议不重要的节度使进行合并，使将帅专一，人心不分，号令一致，无往而不胜。

他认为，治理军队，必须要奖惩分明。又主张根据士卒劳役的轻重，贡献的大小，所处安危的情况，制订衣粮供给的等级，合理分配给养。他还注重军粮的贮积、供给和运输

陆贽为有唐一代的政论家，其思想主张为后世的管理者和儒学家所尊崇。《新唐书》的论赞中说他的思想“可为后世法”。他的学养才能和品德风范，深得当时和后代称赞。

陆贽秉性贞刚，在主政时矫正人君的过失，揭露奸佞误国的罪恶。尤其是对朋党，他采取了坚决的措施。朋党是唐德宗继位以来，一些弄权重臣，网罗羽翼，结党营私形成的集团。他们排挤善良，危害国家，是一股很强的恶势力。

陆贽不畏权贵，先断其结党之路，取消了过去的选官办法，广求贤才，严格考试制度。之后，他又向当权者发起进攻。

户部侍郎裴延龄为人奸诈，天下人都恨他，但由于他是唐德宗的宠臣，人们敢怒而不敢言。只有陆贽仗义执言，不仅当面指责他，而且多次上书皇帝，弹劾裴延龄的罪行。

伴君如伴虎，由于陆贽多次犯颜直谏，触怒朋党，结果他受到诬陷，险些被杀，最后被贬为忠州别驾，当了一个地方上的小官。忠州就是现在的重庆忠县。

陆贽身在朝廷之外，仍矢志不移，为民做事。当时，忠州地区疾病流行，陆贽遍访民间，抄录药方，写成《陆氏集验方》，以此济世救民。

陆贽生前深受忠州人民的爱戴，客死他乡后，便葬在了忠州翠屏山。从此，陆贽墓便成为忠州的一个胜地，一道风景，千百年来，一直受到人们的崇敬。

陆贽一生洁身自好，位高不受礼，官小不行贿，以天下为己任，献计献策，一心为民，终成一位千古流芳，万世敬仰的名臣。

刘温叟为官厚重方正

宋太祖赵匡胤建立宋王朝，为社会进步，经济发展，文化的繁荣创造了良好的条件。大宋基业初开，尤其需要勤政爱民，遵循礼法，节俭自律，以身作则的官员。当时的朝中要员刘温叟就是这样的人。

刘温叟，河南洛阳人。他为人厚重方正，举动遵循礼法，生活节俭自律，产生了改变五代以来奢靡风气的示范效应。

有一次，刘温叟在夜晚经过明德门西门前，给他驾车的人发现宋太祖赵匡胤正和几个太监登上门楼，就告诉刘温叟。

古代皇帝登楼，表示有重大事件。刘温叟见皇帝夜登城楼，不合礼法，就让驾车人和往常一样通过。

第二天，宋太祖询问刘温叟昨晚的事情，刘温叟说："陛下不在应该登楼的时候登楼，那么近侍都希望得到赏赐恩典，首都卫戍军队也希望得到赏赐。我昨天夜晚之所以直接经过，没有参拜陛下，就是为了让所有人知道陛下并不在楼上。"

宋太祖理解了刘温叟昨晚的举动，并对他现在的解释，表示非常满意。

宋太祖时期，按照御史府旧例，每月赏给公用茶，御史中丞得钱 1 万，公用不足就以罚款补充。刘温叟时任御史中丞，他厌恶罚款之名，所以从不取用。刘温叟任御史中丞 12 年，多次求人自代。宋太祖难找合适人选，不允许别人替代，可见对他的信赖。

刘温叟身为朝中要员，却为官清廉，从不接受别人馈赠的礼物。刘温叟有一个学生，总想通过"靠山"达到荣华富贵的目的，但目的一直没实现。正在他愁眉不展时，听说老师刘温叟在朝中做大官，他一下子茅塞顿开。心想：

这不正是自己将升官发财需要找的“靠山”吗？但就这么去找他，他不一定帮忙。于是决定先给他送礼，套套近乎，再找他也好说话。

一天，这名学生东打听，西问问，终于摸到了刘温叟的家门。他与刘温叟寒暄了一阵后，就说自己备了一车粮草，送给老师，聊表自己的感恩之情。

刘温叟一听连忙说：“你的心意我领了，但东西我是不能收的。”

那个学生说：“老师不收，就是看不起我。”

两人就这样推来让去，刘温叟毕竟拗不过年轻人，只好把东西先留下了。

刘温叟心想：我绝不能白要人家的东西。如果我白拿了人家的东西，将来他找我帮他干些不义之事，我怎好回绝。如果就这么把东西送回去，他肯定会骂我绝情。

刘温叟想来想去，终于想出了个两全齐美的办法。于是，就叫来家里人，要他们把自己新做的那套好衣服拿出来，送到那个学生家里去。

这套衣服很华贵，价值相当于那车粮草的几倍。学生一看老师给学生送这么厚的礼，一时面红耳赤，觉得很不好意思。从此，他不再有找老师做“靠山”的念头。

刘温叟加倍还礼的事，当时传开后，许多人称赞刘温叟清正廉洁。个别想要通过行贿拉拢刘温叟的人，感到他太认真了，不好收买，于是，一个个都取消了拉拢他的想法。

赵光义任晋王时，了解到刘温叟一向清廉，在同僚之中相比，他并不富裕，于是，特意派人给他送去了 500 千钱。这既有奖赏之意，也有关怀之情。

刘温叟见是晋王的赏赐，却于情面，只好收下。然后，他把这些钱原封不动地存放在厅西的一间屋子里，并当场把钱和门都封上了，送走了送钱的人。

第二年端午节，赵光义又派人给刘温叟送来一些粽子，还有精美的执扇，以表示对他的器重和关怀。

派来的人恰好还是去年送钱的那个人。他到刘温叟家中一看，去年送来的钱仍然放在那间屋子里，原封未动。事后，派来的人回去把所见情形如实地向赵光义作了禀报。

赵光义听说后，心中万分感慨，说道："连我送去的钱都不用，何况别人的了。看来，过去他之所以收下了我的钱，只是不想拒绝我的情面呵！这钱整整过了一年还未启封，可见他的廉洁情操是多么的高尚。"命令官吏把所送物品载回。

这年秋天，赵光义在后苑侍奉宋太祖用宴，在谈论当世有名的清节之士时，详细讲述了刘温叟以前的事情。宋太祖听后，再三叹赏。

刘温叟遵循礼法，践行了一个臣子应有的礼仪，而他拒收别人的礼物，保存了自己的名节。他的所作所为，令人肃然起敬，也给人们以深刻的启迪。

每事问

子入太庙①，每事问。或曰："孰谓鄹②人之子知礼乎？入太庙，每事问。"子闻之，曰："是礼也。"

子曰："射不主皮③，为力不同科④，古之道也。"

子贡欲去告朔⑤之饩羊⑥。子曰："赐也！尔爱⑦其羊，我爱其礼。"

【注释】

①太庙：君主的祖庙。鲁国太庙，即周公旦的庙，供鲁国祭祀周公。

②鄹：zōu，春秋时鲁国地名，在今山东曲阜附近。

③皮：箭靶子。

④科：等级。

⑤告朔：朔，农历每月初一为朔日。告朔，古代制度，天子每年秋冬之际，把第二年的历书颁发给诸侯，告知每个月的初一日。

⑥饩羊：祭祀用的活羊。

⑦爱：爱惜的意思。

【解释】

孔子到太庙，每件事情都要问。有人说："谁说孔子懂得礼？他进了太庙，每件事都要问别人。"孔子听了这话，说："这正是礼啊！"

孔子说："比赛射箭，不在于穿透靶子，因为各人的力气大小不同。自古以来就是这样。"

子贡提出免去每月初一日告祭祖庙用的活羊。孔子说："赐，你爱惜那只羊，我却爱惜那种礼。"

【故事】

刘邦每事问成就伟业

汉高祖刘邦，汉朝开国皇帝，我国历史上杰出的政治家、战略家、指挥家。

公元前 206 年，刘邦首先进入关中要地，秦朝灭亡，楚汉之争后，他统一中国，建立了汉朝。

"每事问"用得最好的当属刘邦。刘邦是"每事问"的高手。他的口头禅就是"为之奈何？"

论学问、论武艺，刘邦都远远不及项羽，然而项羽最终败给了刘邦，固然有很多原因，重要的一个原因就在于"为之奈何"上，刘邦会问，而项羽不会问。

刘邦每每遇事都要来句"为之奈何？"广泛征求其他人的建议，然后综合考虑，做出正确的决策。

这正是刘邦成就伟业的原因之一。正因为善纳言、善学习、善调动部属的积极性，才吸引了一大批人才，为其所用。

袁崇焕保国战沙场

袁崇焕是明末人，在他14岁时随祖父袁世祥，父袁子鹏迁至广西藤县，35岁中进士，授福建邵武知县。在邵武任知县期间，袁崇焕救民水火，处理冤狱，关心军事，招纳军人，做了许多于国于民有益的事情。

这段时间，女真族领袖努尔哈赤建立了后金，随即以“七大恨”誓师告天，兴兵反明，仅用了几年时间，东北全境陷于完全失落的危急之中，明王朝的安全受到极大的威胁。

消息传到北京后，朝野震恐，文武大臣议论纷纷，但都拿不出一个主意。这时，刚从福建调来兵部的袁崇焕站了出来，充满信心地说：“只要给我兵马和钱粮，我就可以把关外的防御责任担当起来！”

其实，袁崇焕当时只是兵部的一名小官，对此关系国家存亡的大事，他既无责任，也可以不冒风险。但他有一颗忧国忧民之心，他想到国家的安危，想到人民生活的安定，自己作为一朝武将怎能袖手旁观，无动于衷。

袁崇焕自愿戍边的请求，受到了君臣的称赞，于是皇帝提拔他为佥事，到山海关外监督军事。袁崇焕一到关外，便立刻与将士商议守备计划，安抚无家可归的百姓，修筑军事要冲宁远的城墙，以巩固边防。

正当宁远城墙告成的时候，袁崇焕的父亲去世了。按当时的制度，官员丧父要卸任回家守孝3年。但此时袁崇焕早已把全部身心都投入到东北的边防上，他怎能为了家事而放弃国事呢？袁崇焕眼含热泪，朝南三拜，表示对父亲的悼念之情。

1626年，努尔哈赤率13万大军，西渡辽河，兵临宁远城下。这时在宁远城中，只有1万多兵马，面对如此悬殊的敌我力量，人心惶惶。为鼓舞

大家的斗志，袁崇焕集合全城将士，当众刺破手指写下血书，誓与宁远城共存亡。

战斗打响了，后金军顶着盾牌，冒着明军的弓箭和石头，蜂拥而上，企图掘开城墙攻进城去。袁崇焕沉着应战，他用西洋大炮对准敌兵密集的地方频频开火，使敌军无法前进。

战斗进行了两天，后金军发动了无数次进攻，但在袁崇焕的指挥下，宁远城岿然不动，而后金军却死伤无数，4 位将领阵亡，努尔哈赤本人也负了伤。后金兵见大势既去，纷纷逃窜。

宁远大捷后，后金军胆战心惊，身经百战的努尔哈赤忍着炮伤叹息道："我从 25 岁开始带兵作战以来，战无不胜，攻无不克，没有想到这个宁远城却打不下来！"

努尔哈赤去世后，其子皇太极又率兵攻打锦州和兴城，但都被袁崇焕的部队所击败。于是，皇太极改变战略，于 1629 年，亲率军几十万，绕过袁崇焕的防区，突破长城，攻入关内，进逼北京。

袁崇焕得到警报，立即挥师入关，在北京城下，与后金军展开了激战。袁崇焕身披铠甲，亲自上阵督战杀敌。在他的带领下，明军士气高涨。将士奋勇杀敌，从中午血战到晚上，终于打退了后金军。

皇太极感叹地对部下说："我打了 15 年的仗，从来没遇到过这样厉害的对手！"

袁崇焕横戈戍边战沙场，为保国安民立下了汗马功劳。他为官清廉，刚直不阿，深受广大将士和百姓的爱戴，这也遭到了朝中奸党的迫害打击。

由于朝中奸党攻讦袁崇焕戍边不利，致使皇太极兵临北京城下，奸党便以"谋叛欺君"的罪名将其杀害了。

袁崇焕的一生，不为名，不为利，不为权，在中华民族的历史上，写下了保家卫国的辉煌篇章。

戚继光挺身驱逐倭寇

在明代保家卫国英雄的名单中，著名抗倭将领、军事家戚继光是非常醒目的一位。他率军于浙、闽、粤沿海诸地抗击来犯倭寇，终于扫平倭寇之患，被现代国人誉为"民族英雄"。

戚继光是明代山东蓬莱人，出生在一个世代担任武职的将门之家。由于家教的影响，他从小就接受了抵御外侮的爱国思想。

在明世宗的时候，日本的一些封建诸侯纠集武士、商人和海盗经常在我国东南沿海一带骚扰，杀人放火，抢劫财物，闹得人民不得安宁。沿海居民非常痛恨，称他们为倭寇。

戚继光 17 岁那年，担任了登州卫指挥佥事，开始了他的戎马生涯。这个具有爱国思想的年轻人，看到沿海不平静，曾慷慨赋诗说："封侯非我意，但愿海波平。”表达了他保卫国家海疆的志向。

1555年，戚继光调到浙江，担任参将。他到任不久，就在温州、台州一连几次大败倭寇，成了远近闻名的勇将。

在军事实践中，戚继光深感当时军队素质太差，缺乏训练，战斗力弱，军纪又坏，无法战胜倭寇。于是他编练了以农民和矿工为主的3000名新军，并根据南方地形特点，创造了“鸳鸯阵”的新阵法。

这种阵法可攻可守，作战灵活，特别便于近距离作战，大大增强了战斗力。他还招募渔民，组成一支水军，从海陆两方打击倭寇。

戚继光非常重视部队的军纪。一方面，他经常给战士们讲述杀敌卫国，保护家乡，爱护人民的道理，使战士齐心合力，刻苦练兵；另一方面，他制订了严格的军纪，赏罚严明。他规定，擂鼓该进，就是前面有水火，也要奋勇前进；鸣锣该退，就是前面有金银，也要坚决后退。

经过戚继光的训练，一支作战勇敢，纪律良好的军队形成了，被人们称之为“戚家军”。

“戚家军”刚练成，倭寇大举侵犯浙江台州的消息就传来了。戚继光率军进剿。敌人一闯进戚继光摆的“鸳鸯阵”，刀、枪、藤牌就像一阵暴风骤雨，密密层层向他们压了过去。

倭寇一部分被当场杀死，一部分被赶到灵江里淹死了。“戚家军”大获全胜，从倭寇手里，救回了被掳去的百姓5000多人。

时隔几天，戚继光又在处州上峰岭布下天罗地网，以少胜多，歼敌2000多人，充分显示了他出奇制胜的指挥艺术。接着“戚家军”又在台州地区与倭寇进行了10余次战斗，连战皆胜，把倭寇全部赶出了浙江。

“戚家军”打出了军威，名震天下，老幼皆知。大军凯旋时，台州百姓官吏出城相迎。

倭寇慑于戚继光的威名，又把骚扰的矛头指向了福建沿海。戚继光又奉命出师福建。在极端困难的情况下，戚继光巧施妙计，“戚家军”奋勇杀敌，在宁德、牛田、林墩接连打了3个胜仗，杀敌数千，捣毁敌人的大小巢穴数十座。当地百姓出城远迎，慰劳品塞满街道。

戚继光婉言拒绝了对他个人的祝贺，他想到牺牲的士兵，难过地说：“士卒伤亡，我何忍受贺。”他带着深切的感情下营帐看望伤兵，亲自抚恤阵亡将士的家属，穿上素服，声泪俱下地哭祭阵亡士兵。戚继光爱兵如子的将风，深深感动了全军将士，杀敌逐倭的士气越来越高昂。

“一年三百六十日，多是横戈马上行”。经过戚继光等将领10余年来统率沿海军民，浴血疆场，英勇战斗，东南沿海的倭寇被彻底肃清了，人民又开始了安居乐业的生活。

戚继光平定倭寇，保卫海疆，在中华民族反抗外来侵略的历史上，写下了光辉的一页。他的爱国思想和丰功伟绩，人民永远不会忘记。直至今天，浙江、福建一带还流传着“戚家军”英勇杀敌的故事，保存着大量戚继光和“戚家军”的遗迹。

史可法凛然血染扬州

在明代保家卫国英雄的名单中，还有一个人的名字同样夺人眼目，这就是明代末期政治家，军事统帅史可法。他因抗清被俘，不屈而死，是著名的将领。

史可法是明代末期祥符人，祥符即现在的河南开封。1628年进士，最初授西安府推官，1643年拜南京兵部尚书，参赞机务。就在史可法到南方的第二年，清军多尔衮大举南进，于1644年初占领了北京。

消息传到了江南，明陪都南京的官员，此时大致分为两派，一派是以南京兵部尚书史可法为代表的爱国大臣；另一派则是以凤阳总督马士英为代表的卖国官僚。马士英为了便于自己弄权，拥立福王朱由崧即皇帝位，建立了历史上称为“弘光王朝”的南明政权。

1645年，清军大举南进，于四月十七日对扬州采取了包围的攻势。正直有为、忠贞爱国的大臣史可法，被投降派马士英之流从南京排挤到扬州督师。当清军进逼扬州时，史可法立即发出紧急命令，要各镇派兵救援扬州。

但是，那些不顾国家安危的将官只谋私利，不顾大局，竟没有一个听命令而来的。史可法只能率领本城军民，构筑工事做迎战准备。

四月十七日，扬州陷入了被清军层层包围的孤立无援的态势。南下清军的统帅是摄政王多尔衮的兄弟定国大将军豫王多铎。他为了不战而成大功，进而利用史可法的威望收服江南，就叫明降将李遇春，拿着招降书去劝诱史可法投降。

李遇春来到城下，见史可法威风凛凛地站在敌楼上，怒目向着自己，先就气馁了三分。他不敢下马，双脚踩着马镫，拱手作揖道：“史督师在上，

恕末将甲胄在身，不能全礼！”

史可法嘲问道：“我是大明朝的督师，请问，你又是那一朝的‘末将’？”

李遇春臊红了面皮，定了定神说：“督师忠义大名闻于华夏，都得不到朝廷信任，死又何益？还不如协助大清朝取天下？”

“无耻！”史可法大怒，从腰间摘下宝雕弓，抽出狼牙箭，搭上弦，拉弓欲射。

李遇春大惊失色，把马缰一提，抱头鼠窜而去。

多铎见劝降不济事，又强迫当地乡民拿着劝降书，进城去见史可法。史可法拆都不拆，弃之护城河里。

多铎不死心，又接二连三地写劝降书，史可法仍是连看也不看，连着3次把劝降书扔进护城河。

扬州城中有一个总兵官和一个监军，在清军诱降下发生了动摇。第二天夜里跑到史可法住处，惴惴地说：“明朝大势已去，我们不如投降清军吧！”

史可法微微冷笑，严声厉色地说：“我早已准备好死在扬州，要我投降休想！”那总兵和监军连夜溜出城门，投降了清军。

史可法对投降变节分子，十分鄙视，自己早已做好了一死的决心，并给母亲、妻子写好了遗书。

总兵和监军投降后，扬州城中军心发生动摇，史可法传令全体官兵，向大家讲话：“这几天军情紧急，扬州是江北的重镇，如有差失南京很难保住。我切望将士们一致努力，不分昼夜，严密防守。倘有人造谣生事，惑乱人心，一定按军法治罪！”

史可法心中又急又难过。想到军心涣散，扬州难守，南京势急，国家危亡，不禁热泪夺眶而出，放声痛哭。

听着史可法痛切的哭声，将士们无不受感动，再也不能沉默，不约而同地喊道：“我们一定尽力守城！”

史可法拭去眼泪，向大家行礼致敬，当众下令，把军队分成3部分，一部分迎战，一部分守城，一部分巡查。接着，史可法宣布了临阵军令：“上阵如不利，退守城防；守城不利，展开巷战；巷战如不利，短兵相接；短接如不利，为国自尽！”

在史可法的指挥鼓舞下，壮烈的扬州保卫战开始了。

四月二十二日，清军开始攻城。明军出城交战失利，退守城内。清军用大炮轰射，把城墙上部打开了好些缺口。史可法命人用大沙袋堵住缺口，继续战斗。鏖战一整天，清军死伤了几千人。

清军自从一年前入关以来，所到之处，很少遇有像扬州军民这么坚强抵抗的，更没有一个封疆大吏和城池共存亡过。多铎对扬州军民和史可法恨到极点，连续3天攻城不克，于四月二十五日对扬州发动了疯狂的总攻击。

扬州各处城门，以西城受到的攻击最厉害，史可法就亲自在这里防守。清军集中大炮向城墙的西北角轰击，终于打开了一个大缺口。大队清军士兵，就从这个缺口洪水一般涌进了扬州城。

史可法见扬州城已被攻破，悲愤不已，拔出宝剑朝脖子上抹去。在他身边的史德威等人，连忙抱住他的身子，夺下手中宝剑。

史可法已为剑刃所伤，战袍溅满了鲜血。他严厉地对史德威说："我命令你把我杀死！"

史德威知道，史可法不愿被俘受辱，决心以死殉国，所以这么下命令。但他又怎忍心杀死敬爱的督师呢？他和几十个士兵一起，簇拥着史可法走下城墙，打算从东门逃出，再图后举。

这时，清军已进扬州中心，明军将士和百姓正同清军展开巷战，许多人在短兵相接的格斗中牺牲。史可法等还没走到东门，就有一队清兵迎头挡住了他们的去路。

既然到了清兵面前，他挺身而出，大声疾呼："史可法在此！"清兵越拥越多，最后捉住了他，送到多铎那里。

多铎见了史可法，不敢怠慢，恭敬地说："前些天我曾 3 次致书给先生，都没得到回答，如今先生为明朝尽到了忠义，我想请先生替大清朝收拾江南。先生如能俯允，必当授以重任！"

史可法听了大怒，义正词严地斥道："我是大明朝臣子，岂可苟且偷生，做万世罪人！我头可断，志不可屈，愿速速就死！"

多铎已知徒费口舌，终于露出了狰狞的嘴脸，却又假惺惺地对史可法说："你既然是忠臣，我就杀了你，成全你的名节吧！"

史可法道："与扬州共存亡，是我早已决定的志愿，纵然劈尸万断，我也在所不惜。但是扬州百万生灵，你们不可杀戮！"

就是在生命最后一刻，这位爱国先辈还拳拳怀念着国家，深切眷恋着人民！

扬州城被攻破时，都督刘肇基带领残部 400 多人和全城人民一起与清军巷战，直至矢尽力绝，没有一个投降的。

史可法就义后，有人企图寻找他的遗体，但由于扬州经过巷战，加上天气蒸热，尸体已腐烂不可辨认。第二年清明节，人们把史可法生前穿的衣袍，葬在扬州门外梅花岭，这就是现在还时时有人去那儿凭吊忠魂的史可法衣冠冢。

林则徐虎门销烟壮举

清代报国思想更强调国家利益高于一切，因此在国家和民族利益遭到侵害之时，仁人志士便以奋力报国的雄心壮志，赶赴危难，捍卫国家利益，维护民族尊严。清代后期政治家、思想家林则徐就是这样的人。

林则徐出生于清代福建福州一个较贫寒的家庭。他 26 岁考中进士后，先后在北京和外省担任官吏。他体察民情，惩办贪官污吏，治理江河，兴修水利，一时贤名满天下。

林则徐主张学习西方的先进技术，派人去澳门了解西方国家的动态，购买西方的书报，组织人力进行翻译，编译出《四洲志》等书籍。因而被称为近代史上“第一个睁眼看世界的人”，致使他成为鸦片战争中的风云人物。

在林则徐生活的时代，正值欧洲第二次工业革命。在利益驱动下，英国殖民者为了获得高额利润，向我国大量倾销鸦片，以此来打开我国市场的大门。仅 1838 年，就向我国贩运鸦片 4 万多箱。

鸦片又叫“大烟”，可以作为药材少量使用，又是一种极容易上瘾的毒品。长期吸食就会使人精神萎靡，骨瘦如柴。鸦片的泛滥，无情地毒害人们的肌体，使大量的白银外流，在当时已成为一个威胁民族生存的严重问题。中华民族处在危难之中。

目睹烟毒泛滥，林则徐忧心如焚。他在给道光皇帝的奏章中，痛陈鸦片危害的严重性：

若犹泄泄视之，是使数十年后，中原几无可以御敌之兵，且无可以充饷之银。

林则徐应召到京后，向道光皇帝申述了自己的禁烟主张和准备采取的措施。道光皇帝采纳了他的主张，任命他为钦差大臣，去广东查禁鸦片。

1839 年 3 月，林则徐到达广州后，立即和邓廷桢、关天培商定加强防务；号召揭发烟犯的贩毒情况；下令查封广州所有的烟馆；逮捕 61 名勾结洋人的重要烟贩；勒令外国商人 3 天内全部缴出所存鸦片，并写下“永不敢夹带鸦片，如有带来，一经查出，货尽没官，人即正法”的书面保证。

林则徐毅然表示：“若鸦片一日不绝，本大臣一日不回，誓与此事相始终，断无中止之理。”

在英国驻我国商务监督查理·义律的指使下，英国烟贩用搪塞手段敷衍，只肯交出 1000 多箱鸦片，并虚伪地表示不再进行鸦片交易，妄图蒙混过关。

林则徐没有被英国侵略者这种狡猾的伎俩所欺骗，他已查出停泊在伶仃洋面上 22 艘英国鸦片趸船，每艘囤积的鸦片都在 1000 箱以上。

林则徐下令传讯拒不缴烟，还阻挠别人缴烟的英国大鸦片贩子颠地。颠地在查理·义律的庇护下，连夜惊慌逃跑，在中途被愤怒的群众抓回来。

义律见蒙混不成，竟以武力相威胁，命令伶仃洋面的鸦片趸船开走，摆出战争的姿态。

林则徐无所畏惧，果断地命令水师炮舰游弋沿海，截住了英国的鸦片趸船；派兵封锁洋人商馆，撤退商馆中受外商雇用的全部我国人员，断绝对外商的一切贸易和供应。

外国商人蜷缩在商馆里，连饮水和食品都发生了困难。3 天之后，义律终于低下了头，无可奈何地缴出所有鸦片。连同美国商人缴出的鸦片，共计 2 万箱加上 2000 多袋，重 230 多万斤，价值 800 多万两白银。

1839 年 6 月 3 日，晴空万里，虎门海滩庄严热闹。林则徐登上虎门海滩的礼台，亲自主持销烟。在礼台不远的地方，人们向两座 50 米见方的大池里，先后倒入海盐和鸦片，鸦片被盐卤泡透后，再抛下石灰。顿时，池水沸腾，烟雾翻卷。

不久，通海的涵闸被打开，满池子被销毁的鸦片渣沫泻进了茫茫大海。成千上万围观的人群里，迸发出一阵又一阵欢呼声，声浪远胜过虎门的海涛。

虎门销烟，历时 23 天，震惊中外，揭开了我国人民近百年来反侵略斗争的帷幕。

1840 年 6 月，恼羞成怒的英国侵略者出动军舰、运输船 40 多艘，士兵 4000 多人，陆续开到广州附近海面，悍然发动了鸦片战争。

林则徐立即组织广州军民奋勇抵抗，他号召："如英夷兵船一进内河，许以人人持刀痛杀。"

水勇出其不意地烧毁敌舰、群众在外岛水源投放毒药，英军只能困守海上，不敢进犯内河，企图侵占广州的计划终于成为泡影。英国侵略军见无隙可乘，便沿海北上，于 1842 年攻破吴淞，闯进长江，直逼南京。腐败无能的清朝统治者苟且偷安，屈膝求和，同英国签订不平等的《南京条约》。

鸦片战争失败后，清王朝竟归罪于林则徐，将他撤职查办，又充军到新疆。3 年后才被赦回，并委以陕西巡抚，云贵总督等职。1850 年，林则徐因病逝世，终年 65 岁。

林则徐虎门销烟，书写下近代反侵略斗争的壮丽篇章，它庄严地向世界宣布：中国人民是不可侮的！

关天培以死保卫虎门

林则徐虎门销烟之后，西方列强不甘心失败，悍然发动侵华的鸦片战争。在外敌入侵的形势下，中华民族的爱国报国热忱再次被激发出来，涌现了可歌可泣的英雄人物。鸦片战争中的抗英名将关天培就是其中之一。

关天培是江苏淮安府山阳县人，即现在的江苏省淮安市。他出生于一个行伍家庭，年轻时喜欢阅读历史书和故事，钦佩为国捐躯的英雄。又见我国国防薄弱，于是，决心弃文习武、投笔从戎。他骑马射箭，练就一身好本领，还苦读《孙子兵法》，研究军火制造。

关天培 23 岁那年考取了当时军事学校的庠生。后因他办事认真，懂军事，多次被提升，1834 年晋升为广东水师提督。

在当时，广东沿海防务松懈，炮台年久失修，英国军舰公然闯入内河，直抵广州黄埔。关天培到任后，立即亲自到广州的天然屏障珠江口的虎门，检查防务，采取各种措施增强防守能力。

关天培亲自在虎门测量海口的宽窄，水位的深浅，并试了大炮的射程，以确定炮位；添铸七八千斤的重炮 40 门，分配到各炮台使用；在通向内河的江面上设置一道道木排、暗桩和每条长约 1000 多米的大铁链 8 条，以防止敌舰闯入内河；整顿水师，增添了巡洋兵船和兵丁，亲自督促水师操练。

在关天培的努力下，虎门的防务力量增强了，为后来林则徐的禁烟运动提供了坚强的军事后盾。

1839 年初，林则徐作为钦差大臣来广东主持查禁鸦片走私。关天培成了林则徐的得力助手。虎门销烟后不久，英国侵略军就多次出动兵船，在广东沿海进行武装挑衅。

这年 11 月 3 日，关天培率水师船在穿鼻洋面巡视，遭到两艘英国兵船的袭击，不幸受伤，但他仍持腰刀挺立桅前，率领水师英勇还击。交战两小时，敌船被打得帆斜旗落，狼狈逃走。

1840 年 6 月，鸦片战争正式开始。英舰 40 艘在广东海面集结，封锁珠江口。英国侵略军多次企图从这里攻入，但壁垒森严的虎门，使它胆战心惊，望而却步。

英国侵略者在广东不能得手，便沿海向北进犯。同年 8 月，英国兵舰开到天津，向清朝廷递交照会，进行威胁。

清朝廷被英国的船坚炮利所吓倒，把战争起因归罪于禁烟。道光皇帝撤职查办了林则徐，任命投降派琦善为钦差大臣。

琦善到广州后，下令拆除了木排铁链和暗桩，裁减兵船三分之二，全部遣散了招募来的水勇，还允许英国人察看地形，探测内河，关天培多年经营的防御设施遭到了严重破坏。为了求得侵略者退兵，琦善一一承诺了英方提出的条件，助长了侵略者的嚣张气焰。

1841年1月，英军20余艘军舰乘虚向虎门发动突然进攻。虎门外的沙角、大角两炮台只有守军600多人，在敌众我寡的形势下，奋起抵抗，最后全部牺牲。

2月，英军又乘机进攻虎门。驻守虎门只有400将士，形势十分危急。关天培向琦善多次告急，请求派兵援助。琦善虽握有数万大军，却坐视不救，导致关天培孤军奋战。

关天培冒着炮火，登上靖远炮台，大声激励将士，众官兵斗志昂扬，奋力炮击英军。15门大炮排列在炮台上，装足火药。当敌船靠近时，关天培一声令下，顿时，海水沸扬，敌舰有的被击沉，有的被击伤。登岸的敌人也纷纷被歼，尸体遍布滩头。

26日下午14时，南风大作，英军乘风开炮猛攻靖远炮台，弹片四溅，沙石乱飞，守军死伤大半。关天培负伤多处，仍镇定指挥，还代替牺牲的炮手，亲自燃放大炮。残余的守军齐心合力，沉着应战。但突然大雨倾盆，大炮火门透水、失去作用。战斗坚持到傍晚，炮台被围。英军在炮火掩护下攻上炮台。

关天培身负重伤，血透衣甲。他挥舞佩刀，把冲上炮台的敌人劈了下去。忽然从背后飞来一发炮弹，弹片穿过了他的胸膛，因伤重力竭，壮烈牺牲。镇守虎门的400名将士也全部壮烈牺牲。

爱国将领关天培，为了守好国家的南大门虎门要塞，顽强地同英国侵略军奋力拼杀，用生命谱写出一曲爱国主义的悲歌。

成事不说，遂事不谏

定公①问："君使臣，臣事君，如之何？"

孔子对曰："君使臣以礼，臣事君以忠。"

哀公问社②于宰我，宰我③对曰："夏后氏以松，殷人以柏，周人以栗，曰：使民战栗④。"

子闻之，曰："成事不说，遂事不谏，既往不咎。"

【注释】

①定公：鲁国国君，姓姬名宋，定是谥号。公元前509—公元前495年在位。

②社：土地神，祭祀土神的庙也称社。

③宰我：名予，字子我，孔子的学生。

④战栗：恐惧，发抖。

【解释】

鲁定公问孔子："君主怎样使唤臣下，臣子怎样侍奉君主呢？"

孔子回答说："君主应该按照礼的要求去使唤臣子，臣子应该以忠来侍奉君主。"

鲁哀公问宰我，土地神的神主应该用什么树木，宰我回答："夏朝用松树，商朝用柏树，周朝用栗子树。用栗子树的意思是说：使老百姓战栗。"

孔子听到后说："已经做过的事不用提了，已经完成的事不用再去劝阻了，已经过去的事也不必再追究了。"

【故事】

舜帝以宽厚待人

中华民族的笃实宽厚的道德实践，从尧舜禹时代就开始了。在这三位圣贤人物中，舜帝以宽厚之德赢得了世人的赞誉，在中华民族德育思想史上产生了深远影响。

舜，是上古时期三皇五帝中的五帝之一。他待人接物一向以宽厚为美，严于律己，宽以待人，通过宽厚的道德人格力量来感化他人，体现了笃实宽厚的美好品德。

在传说中的黄帝之后，华夏大地又先后出了3个很出名的部落联盟首领，他们是尧、舜和禹。他们原来都是一个部落的首领，后来被推选为部落联盟的首领。

在当时，做部落联盟首领的，有什么大事都要找各部落首领一起商量。第一任部落联盟首领尧年纪大了的时候，想找一个继承他职位的人。有一次，他召集四方部落首领来商议。尧说出他的打算后，大臣放齐说："您的儿子丹朱是个开明的人，继承您的位子很合适。"

尧严肃地说："不行，丹朱品德不好，专爱跟人争吵。"

这时，有一个叫兜的人说："管水利的共工，工作倒做得挺不错。"

尧摇摇头说："共工能说会道，表面恭谨，心里另是一套。用这号人，我不放心。"

这次讨论没有结果，尧继续物色他的继承人。

这一天，尧又把四方部落首领找来商量，要大家推荐。有人推荐了一个部落的首领，他的名字叫舜。尧点点头说："嗯！我也听说这个人挺好，是个有德行的人啊！"

尧决定先考察一下舜，就把自己两个女儿娥皇、女英嫁给舜，看看舜能不能领导好她们，处理好家庭关系。

舜的家庭关系比较复杂。他的父亲瞽叟是个瞎子，人也糊涂。舜的母亲很早就去世了，父亲给他娶了一个后母，并生了同父异母的弟弟叫象。可想而知，在这样的家庭里，做个好儿媳是很有挑战性的。

舜是一个很明事理的人，不想引起家庭矛盾。他告诫娥皇、女英，应该努力与全家和睦相处，不要因出身高贵而使性子、添乱子，凡事多多礼让，多多照料家人。

娥皇和女英用智慧和宽容，把一本难念的"家经"念得顺畅，不但极大地成全了舜的名声，而且巧妙地化解了家庭危机。这一切，都表明舜已经妥善地处理好了复杂的家庭关系。

舜在其他方面也都表现出高尚的人格力量和卓越的才干。只要是他劳作过的地方，便会兴起礼让的风尚，他到了哪里，人们都愿意追随。舜领导的部落所居之地，一年成村，两年成邑，三年成为有一定规模的城。

尧得知了这些情况，心里非常高兴，赐予舜细葛布做的衣和一把五弦琴，又赐予他牛羊，还为他修筑了大粮仓。

舜的后母和弟弟象见了，又是羡慕，又是妒忌，就和瞽叟一起用计，几次暗害舜。

有一次，瞽叟叫舜去修补粮仓的顶。等到舜爬上仓顶后，象就把梯子搬走了，然后在仓下点火想把舜烧死。

舜在仓顶上一见起火想找梯子，梯子已经不知去向。幸好他随身带着两顶遮太阳用的笠帽。他双手拿着笠帽，像鸟张翅膀一样跳了下来。笠帽随风飘荡，舜轻轻地落在地上，一点也没受伤。

瞽叟和象并不甘心，他们又叫舜去淘井。舜跳到井里后，瞽叟和象就在地面上把一块块土石丢下去，把井填没，想把舜活活埋在里面。

舜在井里发现从井口落进来大块土石，就赶紧在井的内壁上掘了一个孔道钻了出来，快速跑回家去。象不知道舜早已脱险，得意扬扬地回到家里，跟瞽叟说："这一回哥哥准死了，这个妙计是我想出来的。现在我们可以把哥哥的财产分一分了。"说完，他向舜住的屋子走去，准备占有舜的房子和那把漂亮的琴。

象刚进舜的屋子，突然发现舜正坐在床边弹琴呢！象心里暗暗吃惊，很不好意思地说："哎，我很想念您，特来看望您了。"

舜装作若无其事的样子，说道："弟弟来得正好，我的事情多，正需要你帮助我来料理呢！"

以后，舜还是像过去一样，和和气气地对待他的父母和弟弟，孝顺父母，友爱兄弟，而且比以前更加诚恳，更加谨慎。

瞽叟和象见舜躲过了数劫，再加上娥皇和女英对他们细心地照料，也就不敢再暗害舜了。尧发现舜理顺了家庭关系，又让舜参与政事，经受各种磨炼。舜将政事处理得井井有条。

有一天，舜坐着牛车巡游到盐池边视察，恰好众民久盼的南风就在此时刮起来。本来在盐池边呆坐的人们顿时活跃起来，高兴地挎上柳条筐去采集盐块了。舜被眼前的这样一幅民乐图感染，喜欢弹琴的他拿出五弦琴弹唱起来：

南风之薰兮，可以解吾民之愠兮；

南风之时兮，可以阜吾民之财兮。

意思是说：温暖的南风你可来了，我的百姓就用不着发愁了；温暖的南风你来得正是时候啊，我的百姓可是要发财致富了。

刮南风为何就让人高兴呢？因为当时人们吃的盐还都是盐池水日照挥发后生成的自然盐。如果无风，水蒸气就浮在池面上形成一个蒸汽隔离层，影响池水继续受热蒸发。再有，当风吹拂盐滩时，还会促使水面波动；波动的水比静止的水承受阳光曝晒的面积要大，这也会加快蒸发促成盐的结晶。

舜那时仅是凭经验知道南风的重要性，科学道理还没有掌握。但是这不影响他看着百姓乐业的舒畅心情。百姓们见舜为他们弹唱，受到鼓舞，采集盐块更有干劲了，个个装了满满一柳条筐。

舜不但心系百姓，鼓励人们发展生产，还在用人方面多有建树。对先进者大力提拔，让他们有更好的发展，对后进者本着宽大为怀的精神，能不处罚的尽量不处罚，主要以教化为主，使其进步。

尧通过对舜长时间的考察，最后确认他是个品德高尚又很有能力的人，就把首领的位子让给了舜。这种让位，历史上称为“禅让”。其实，在氏族公社时期，部落首领老了，用选举的办法推选新的首领，并不是什么稀罕事儿。

舜的道德修养越来越高了。他接位后，也是又勤劳，又俭朴，跟老百姓一样劳动，受到大家的信任。

舜的心里其实一直想着尧的儿子丹朱。尧去世的时候，宅心仁厚的舜准备把部落联盟首领的位子让给丹朱，可是大家都不赞成。在这种情况下，舜才正式当上了首领。

舜正式当上首领后，不计前嫌，去看望父亲，仍然恭恭敬敬。同时，他也没有记恨象当初对自己百般陷害，封象为诸侯。

舜一直崇拜尧，也要像尧那样，做一个禅位让贤的君子。舜在年老的时候，认为自己的儿子商均不争气，就确定了威望最高的治水能手禹为继任者，并由禹来摄行政事。

舜与尧一样，同是先秦时期儒、墨两家推崇的古昔圣王。而舜对于儒家，又有特别的意义。儒家的学说重视以仁德之心宽厚待人，尤重孝道，舜的传说恰恰是以宽厚著称，所以他的人格形象就成为儒家伦理学说的典范。

由于儒家的宣传，有关舜的传说事迹在我国传统文化中留下极深刻的影响，可谓千古流芳。

孔子宽仁厚道之德

舜以宽厚之德赢得了当时和后世人们的广泛赞誉，更是孔子推崇的古代圣贤之一。孔子继承和发扬了舜的宽厚美德，用自己的亲身实践，体现了他宽仁厚道的道德修养。

孔子名丘，古代教育家、思想家、政治家，儒家学派的创始人。孔子所处的时代，正值古代社会发生重大变革，各诸侯、卿大夫僭用王室礼乐的现象十分普遍，东周时期的典章制度逐渐被废弃。用孔子的话说就是“礼崩乐坏”。

在这种形势下，孔子指点万象，框范天下，创立了以“仁”为核心的道德学说，把宽仁厚道当作做人的一种美德，希望在道德层面给人们以指引。

孔子为了推行他所创立的道德学说，身体力行，与人为善，学而不厌、诲人不倦，安贫乐道，直道而行，谨言慎行，改过迁善，为当时社会的人们树立了一座人格坐标。

孔子主张与人为善，首先他自己就是一个很善良的人，富有同情心，乐于助人，待人真诚、宽厚。

有一次，孔子的弟子仲弓问孔子："如何处世才能合乎仁道？"

孔子回答道："出门与同仁行礼如见贵客一般，对民如大祭一样凝重。这样就不会招谁怨，在家中私下的交往也不招谁恨。"

仲弓感谢道说："我虽迟钝，但一定要牢记先生的话。"

在孔子看来，君子的最高德行就是与人为善。如舜、禹等都是如此。所以，他的这个回答，其实就是告诫仲弓包括其他人，做人要以礼待人，吸取别人的优点、长处，自己来实行善事。

还有一次，孔子的弟子子贡问孔子："有一句可以概括规范自己一生行为的话吗？"

孔子说："己所不欲，勿施于人。"

意思是说：自己不想做的事，切勿强加给别人。

孔子注重一个人有宽厚的德行，注重心灵上的包容。他的这句话，常常被后来的儒家人士引以为豪，认为这是一句盖世的格言。

孔子的与人为善，还体现为"君子成人之美，不成人之恶"。意思是说，君子成全人家的好事，不帮助别人做坏事。他认为每个人都有美恶，都有可能办好事和办坏事。因此，他号召成全人的有德之举，不助他人的无德之事。

孔子以好学著称，对于各种知识都表现出浓厚的兴趣，因此他多才多艺，知识渊博，被当成一个无所不知的圣人。

孔子在学习方面很虚心，而且刻苦。有一次，孔子随师襄子学鼓琴。师襄子教了他一首曲子后，他每日弹奏，丝毫没有厌倦的样子，手法从生疏渐至熟练。

过了 10 天，师襄子对他说："这首曲子你已经弹得很不错了，可以再学一首新曲子了！"

孔子站起身来，恭恭敬敬地说："我虽然学会了曲谱，可是还没有学会弹奏的技巧啊！"

又过了许多天，师襄子认为孔子的手法已经很熟练了，乐曲也弹奏得更加和谐悦耳了，就对孔子说："你已经掌握了弹奏技巧，可以再学一首新曲子了！"

孔子说："我虽然掌握了弹奏技巧，可是还没有领会这首曲子的思想情感！"

又过了许多天，师襄子来到孔子家里，听他弹琴，被他精妙的弹奏迷住了。一曲终了师襄子长长吁了一口气说："你已经领会了这首曲子的思想情感，可以再学一首新曲子了！"

孔子还是说："我虽然弹得有点像样子了，可我还没有体会出作曲者是一位怎样的人啊！"

又过了很多天，孔子请师襄子来听自己弹琴。一曲既罢，师襄子感慨地问："你已经知道作曲者是谁了吧？"

孔子兴奋地说："是的！此人魁梧的身躯，黝黑的脸庞，两眼仰望天空，一心要感化四方。他莫非是周文王吗？"

师襄子既惊讶又敬佩，激动地说："你说得很对！我的老师曾告诉我，这首曲子就叫作《文王操》。你百学不厌，才能达到如此高的境界啊！"

子贡认为孔子无所不精，就由衷地对孔子说："先生已经是一个圣人了。"

孔子不同意这个说法，他说："我不能算是圣人，我只是在学习上不感到厌倦，在教育上不觉得疲惫而已。"

子贡却不这么认为，他说："先生学而不厌，智慧已经够了；诲人不倦，仁德也够了。既有智慧又有仁德，完全达到圣人标准了，凭什么不是圣人？"

孔子的弟子都认为孔子是圣人，但孔子不认可，其实这是孔子谦虚。不过孔子对自己“学不厌、教不倦”是不避讳的，甚至以此为荣。表达了一个古代知识分子注重学习、为人师表的高尚情怀。

孔子学无常师，谁有知识，谁那里有他所不知道的东西，他就拜谁为师。

孔子说：“三人行，必有我师焉，择其善者而从之，其不善者而改之。”意思是说：三个人同行，其中必定有我的老师。我选择他善的方面向他学习，看到他不善的方面就对照自己改正自己的缺点。

孔子的“三人行，必有我师焉”，表现了他虚心向别人学习的可贵精神，但更可贵的是，他不仅要以善者为师，而且以不善者为师，这其中包含有深刻的哲理。

“三人行，必有我师焉”，受到后代知识分子的极力赞赏，被当作是处事待人、修身养性、增长知识的首要途径。孔子安贫乐道，他说：“不义而富且贵，于我如浮云。”可见在孔子心目中，行义是人生的最高价值，在贫富与道义发生矛盾时，他宁可受穷也不会放弃道义。

孔子所说的“安贫乐道”中的“贫”，不是真正意义上的“贫穷”。也就是说，对于富贵不是不可求。

孔子曾说：“富而可求也，虽执鞭之士，吾亦为之。如不可求，从吾所好。”意思是说：如能致富，哪怕是赶车，我也干；如不能，则随我所好。

作为儒家思想的创始人，孔子是主张入世的。既然入世，就要直面富贵。但对于财富，孔子自然也有自己的明确认识。

孔子说：“富与贵，是人之所欲也；不以其道得之，不处也。贫与贱，是人之所恶也；不以其道得之，不去也。”意思是说：富裕和显贵是人人都想要得到的，但不用正当的方法得到它，就不会去享受的；贫穷与低贱是人人都厌恶的，但不用正当的方法去摆脱它，就不会摆脱的。

孔子生性正直，又主张直道而行。他曾经说自己不轻易诋毁或赞美他人，凡是赞誉的人，必定是经受了考验的人，必定是行走在人间正道上的人。

孔子 30 多岁时，有一次到周去学礼，见到了老子。告辞的时候，老子对孔子说：“聪明深察而近于死者，好议人者也。博辩广大危其身者，发人之恶者也。为人子者毋以有己，为人臣者毋以有己。”

意思是说：聪明深察的人常常受到死亡的威胁，那是因为他喜欢议论别人的缘故；博学善辩见识广大的人常遭困厄危及自身，那是因为他好揭发别人罪恶的缘故。做子女的要忘掉自己而心想父母，做臣下的要忘掉自己而心存君主。

这是老子对孔子善意的提醒，也指出了孔子生性正直的毛病，就是看问题太深刻，讲话太尖锐，伤害了一些有地位的人，会给自己带来很大危险。

儒家重“礼”，也要求以质朴、务实为基础。孔子认为，语言是一种自我表达的方法，但假如话非本心，只是致力于巧妙的言语，钻研说话的技巧，博得别人的欢喜，则是错误的。

孔子说“巧言令色，鲜矣仁”，就是说假如花言巧语，一副讨好人的脸色，这样的人是很少有仁德的。直至今天，人们仍然牢记孔子的这句话，时时警惕那些花言巧语，一脸假笑的伪君子。

孔子要求君子“讷于言而敏于行”，也就是谨慎说话，勤奋做事。他同时还强调，“耻其言之过其行”，即君子应该以夸夸其谈为耻，要力求在行动上做得更好。

孔子是人杰君子，谨言慎行是他修身的内容之一。有一次，孔子到周观光，在瞻仰周的太祖后稷的祠宇时，发现一处刻有铭文，铭文告诫人们说话要谨慎，否则会引起祸患，认为多嘴多舌是致祸的门径。

孔子读完了这篇铭文，回头对弟子们说：“你们年轻人要记住啊！这些说得很具体而又很中肯，说得合乎情理而又很有说服力。《诗经》中说‘恐惧戒慎，好像下临无底深渊，生怕跌了下去一样；好像踩在薄薄的冰块上，生怕陷了进去一样。’这样去要求自己，难道还怕嘴巴会招来祸害吗？”

孔子对改过迁善有精辟的见地，他要求人正视自己的过失，有改过迁善的勇气。他说，有过就不要怕改，过而不改才是真正的过错。

不仅如此，孔子还教人正确接受别人的批评。他说，义正词严的正确意见就应该认真倾听，并落实到行动中，从而使自己改过迁善。

品德高尚的孔子的道德修养与实践，不仅对当时的社会产生了巨大的影响，而且延续数千年，逐渐发展成为我们中华民族“笃实宽厚”的传统美德，影响着后世道德精神的构建，并且产生了极为深远的积极的影响。

伯牙和钟子期之谊

友情，是笃实宽厚美德中所包含的一项重要内容，它要求人们以欣赏和包容之心对待他人，注重彼此友情，达到心灵交汇。比如在人际交往中，应该做到“将心比心”、“以心换心”。战国时期的伯牙与钟子期之间的友情，就彰显了交友知音之道，成为后世人们崇尚的交友楷模。

伯牙，是战国时期楚国郢都人，郢都即现在的湖北荆州。他虽为楚人，却任职晋国上大夫，而且精通琴艺。

钟子期，战国时期楚国的一个樵夫，就是打柴的人。也许是久闻自然之声的缘故，他对音律有着非常敏锐的感觉。

伯牙和钟子期之间高山流水遇知音的友情故事，还要从一次偶然的相遇说起。

那是在某一年的农历八月十五这一天，晋国上大夫伯牙奉晋王之命出使楚国。他乘船来到了汉阳江口的长江边，因遇大雨无法继续前进，只好停泊在一座高山下。

这天晚上，风浪渐渐平息了下来，云开月出，景色十分迷人。伯牙望着空中的一轮明月，琴兴大发，拿出随身带来的琴，专心致志地弹了起来。

伯牙从小就酷爱音乐，他的老师成连曾带着他到东海的蓬莱山，领略大自然的壮美神奇，使他从中悟出了音乐的真谛。他弹的琴声优美动听，虽然

许多人赞美他的琴艺，但他认为一直没有遇到真正能听懂他琴声的人。

伯牙出使之旅，羁绊于途，唯有临江对月，抚琴抒怀。此时此刻，江风低唱，明月高悬，他多么渴望有知音出现，与他一起分享琴曲的意韵。

伯牙弹了一曲又一曲，正当他完全沉醉在优美的琴声之中的时候，猛然看到一个人在不远处一动不动地站着。伯牙吃了一惊，手下力道稍偏，“啪”的一声，琴弦被拨断了一根。

伯牙很是疑惑，就叫童子去问船夫，这儿是什么地方。

船夫答道：“刚才躲避风雨，停泊在山脚下，这里没有人家。”

伯牙更加疑惑，心想没有人家，怎么会有听琴的人呢？或许，是强盗要拦路抢劫吧？想到这里，不由得有些紧张。

这时，只听岸上的人用平静的口气向伯牙喊道：“船上的先生，我是樵夫。今天打柴回来晚了，遇到暴风雨，就在这岩石下避雨，正听到船上有人弹琴，觉得琴声绝妙，不由得站在这里听了起来。很抱歉，在下打扰了您的雅兴。”

伯牙借着月光仔细一看，只见那人头戴斗笠，身披蓑衣，后背冲担，手拿板斧，身旁还放着一担柴。果然是个打柴的樵夫。

伯牙心想，一个樵夫怎么会听懂我的琴呢？于是就问：“你既然懂得琴声，那就请你说说看，我弹的是一首什么曲子？”

听了伯牙的问话，那打柴的人笑着回答：“先生，您刚才弹的是孔子赞叹弟子颜回的曲谱。歌词是：‘可惜颜回命早亡，叫人思想鬓如霜；只因陋巷箪瓢乐’，你弹到这里，琴弦断了，没再弹下去，我记得第四句是‘留得贤名万古扬！’”

打柴人的回答一点不错，伯牙不禁大喜，邀请他上船，请那人在自己对面坐下，又叫书童端上茶来。

那打柴人看到伯牙弹的琴，说道：“这把瑶琴，确为非凡之物。”接着他把这瑶琴的来历说了出来，“此琴本为伏羲氏创制。据说有一次伏羲看到凤凰来仪，飞坠在一株梧桐树上。那梧桐高三丈三尺，按三十三天之数。伏羲氏按天、地、人三才，将梧桐截为三段，取中间一段放在长流水中，浸润七十二日，按七十二候之数，选良时吉日，制成此琴。”

听了打柴人的这番讲述，伯牙心中不由得暗暗佩服。他想，这个樵夫到底能懂多少音乐呢？我来试试他。

伯牙问道：“从前孔子在房间里弹琴，颜回听到琴声中低音幽沉，就问孔子是否有什么不高兴的事。孔子说：‘我弹琴时，看见一只猫在捉老鼠，我希望它能捉到，又担心到嘴的食物跑掉，这为猫担心的心情，不知不觉地在琴声中流露出来了。’这个故事说明，同一支曲子，弹奏时的心情不同，效果也会不同。如果我弹琴的时候，心里在想什么，你能听出来吗？”

樵夫说：“那先生你先弹一曲，我试着听听，若猜得不对，请不要见怪。”

伯牙重新装上琴弦，调好音准，看到不远处高山的雄伟姿态，开始弹奏起来。

樵夫凝神听着，脸上现出愉快的表情，仿佛整个身心都沉浸在庄严优美的旋律中。一曲完了，他赞叹地说：“这琴声，表达了高山的雄伟气势。”

伯牙听了不动声色，他沉思片刻，看着附近浩浩荡荡的长江水，又继续弹奏了一曲。

琴声刚停，樵夫便高兴地站起来，连声称赞道：“好极了！这琴声，表达的是无尽的流水。”

伯牙万万想不到，自己的心意竟完全被樵夫猜到了。他惊喜万分，赶忙站起身，紧紧握住樵夫那粗壮的大手，激动地说：“美玉原来是藏在石头中的啊！我怎能凭地位、衣着来看人呢？真是太不应该！多少年来，我一直梦想着会有一个能真正听懂我的琴，了解我的志趣的人，今天我找到了！这个知音就是你呀！”

伯牙问明打柴人名叫钟子期，接着和他喝起酒来。俩人越谈越投机，相见恨晚，就结拜为兄弟。

第二天，伯牙和钟子期洒泪而别，两人约定：明年的中秋之日，还在这里相会。

光阴似箭，日月如梭，转眼到了第二年农历八月十五这一天，伯牙如约来到了汉阳江口的那座高山下。他等啊，等啊，怎么也不见钟子期来赴约，于是他便弹起琴来召唤这位知音，可是又过了好久，还是不见人来。

伯牙等了整整一天，傍晚时分，发现一位鹤发童颜的老者，赶紧上前揖礼，向他打听钟子期的消息。

老者告诉他，钟子期已不幸染病去世了。临终前，他留下遗言，要把坟墓修在江边，到八月十五这一天，要听好友伯牙的琴声。

听了老人的话，伯牙万分悲痛，他来到钟子期的坟前，凄楚地弹了一曲《高山流水》。弹罢，他挑断了琴弦，长叹了一声，把心爱的瑶琴在青石上摔了个粉碎。他悲伤地说：“我唯一的知音已不在人世了，这琴还弹给谁听呢？”

朋友易寻，知音难求。钟子期死了，伯牙的心也死了，所有对生活的希望也都随钟子期而去了。从此以后，伯牙终生不再弹琴。

两位“知音”的友谊被传为千古佳话，更感动了后人，人们在他们相遇的地方，筑起了一座古琴台。直至今天，人们还常用“《高山流水》觅知音”这样一句话来形容朋友之间的情谊。

伯牙和钟子期的相遇、相知、相惜、相念，体现了儒家以“仁爱”之心待人，建立友情和珍惜友谊的思想。

儒家创始人孔子曾说：“有朋自远方来，不亦乐乎？”这句话集中体现了儒家对友道的重视，是古代交友之道中最早、影响最深远的一句名言。

诸葛亮鞠躬尽瘁

东汉末年，天下大乱。刘备在荆州寄居在刘表那里，当他知道诸葛亮是个了不起的人才后，就到隆中卧龙岗去请诸葛亮来帮助自己。恰巧诸葛亮这天出去了，刘备只得失望而回。

不久，刘备又和关羽、张飞冒着风雪第二次去请，不料诸葛亮又出外闲游去了。刘备只得留下一封信，表达自己对诸葛亮的敬佩并请他出来帮助自己挽救国家危难局面的意思。

当刘备又和关羽、张飞第三次造访诸葛亮时，诸葛亮正在睡觉，刘备就一直等到诸葛亮自己醒来，才彼此坐下谈话。诸葛亮被刘备的诚意感动，决定出来帮助刘备干一番事业。

在诸葛亮的帮助下，刘备建立了蜀汉。东征孙权失败后，刘备病重，便把诸葛亮从成都召到永安，嘱托后事。他对诸葛亮说："您的才能一定能把国家治理好。小儿刘禅，您认为可以辅助，就辅助他；如果不行，您就自己来做一国之主吧。"诸葛亮哽咽着说："我怎敢不尽心竭力，报答陛下，一直到死！"刘备把儿子叫到身边，叮嘱他说："我死之后，你要像对待父亲一样尊敬丞相。"

刘备死后，诸葛亮回到成都，扶助刘禅即帝位。

管仲之器小哉

子曰："管仲①之器小哉！"或曰："管仲俭乎？"曰："管氏有三归②，官事不摄③，焉得俭？"

"然则管仲知礼乎？"曰："邦君树塞门，管氏亦树塞门④；邦君为两君之好有反坫，管氏亦有反坫⑤。管氏而知礼，孰不知礼？"

【注释】

①管仲：姓管名夷吾，齐国人，齐桓公的宰相，辅助齐桓公成为诸侯的霸主。

②三归：相传是三处藏钱币的府库。

③摄：兼任。

④树塞门：树，树立。塞门，在大门口筑的一道短墙，以别内外，相当于屏风、照壁等。

⑤反坫：古代君主招待别国国君时，放置献过酒的空杯子的土台。

【解释】

孔子说："管仲这个人的器量真是狭小呀！"有人说："管仲节俭吗？"孔子说："他有三处豪华的藏金府库，他家里的管事也是一人一职而不兼任，怎么谈得上节俭呢？"

那人又问："那么管仲知礼吗？"孔子回答："国君大门口设立照壁，管仲在大门口也设立照壁。国君同别国国君举行会见时，在堂上有放空酒杯的土台，管仲也有这样的土台。如果说管仲知礼，那么还有谁不知礼呢？"

【故事】

管仲智过鬼泣谷救燕

管仲是齐国的相国，春秋时著名的政治家。一次，山戎民族出兵攻打燕国，燕国君主亲率两万将士出战，在一个叫鬼泣谷的地方中了埋伏，只逃出千余人。燕国急派使者向齐国求援，齐桓公统率五万大军开向燕国，眼看着就杀到了燕国两万大军葬身的鬼泣谷。

管仲在路上早就想出了过鬼泣谷的计谋，第二天天刚亮，一辆辆战车向鬼泣谷驶去。这时，山戎令支国首领密卢举着"令"字小黄旗，站在鬼泣谷的山头，一见齐军，就一挥小黄旗，猛然间，箭、石齐下，有的击中齐军将士，有的砸向战车。

密卢挥动狼牙棒，率兵从山上冲下来，举起狼牙棒对着齐将的头部狠击一棒。"咚"一声，把齐将的头盔打掉了。定睛一看，原来被打掉头盔的却是披着衣甲的树桩。密卢知道中计，大惊失色。

此刻，鼓声大作，只见齐国骁将王子成父和赵川率兵直扑过来，战车后数十枚箭齐发。密卢惨叫倒地。他手下一员大将冲进重围，把负伤的密卢抢了回去，往山戎的另一部落孤竹国逃去。就这样，管仲智过鬼泣谷，解了燕国之围。

范仲淹教子勤俭持家

勤俭廉政是克己奉公的具体体现之一。北宋时期著名的政治家、军事家、思想家和文学家范仲淹的勤俭廉政思想，不仅在于“忧乐观”是他的价值核心，更以教子勤俭持家垂范后世。

范仲淹，苏州吴县人。他小的时候，家境非常贫苦，10多岁才上学，读书很专心。年轻时就有远大的志向，常常把治理国家作为自己应尽的责任。他发奋苦读，有时晚上疲倦了，就用冷水洗脸。为了节省开支，他常常自己煮些粥，等它凝成冻子以后，用刀划成4块，早上吃两块，晚上吃两块，这就是一天的主食。

范仲淹后来到应天府南都学舍求学，同窗好友看他生活很清苦，就从家拿来许多好吃的东西，几天后好友发现这些好吃的他一点也没动，就非常生气。范仲淹却说：“我多年吃粥成了习惯，如果骤然吃起这么好的美味佳肴来，恐怕以后就再也不想喝粥了。”

就这样，范仲淹历经艰苦，刻苦学习，最后官至参知政事，但在他的生活中始终保持勤俭的作风。

范仲淹身为朝廷要员，却不忘家教，对孩子们要求得非常严格。

八月中秋的一个晚上，范仲淹的小儿子范纯粹问：“爹，今天过节，咱们家怎么不吃好的呀！”

范纯仁对弟弟小声说：“弟弟，爹爹有规矩，咱家不来重要客人，是不吃好东西的。”

范仲淹看着刚满5岁的小儿子范纯粹，感慨地说：“哎，我小时候，你们的奶奶领着我逃难到了山东。后来上学，因为家里穷，每天只能喝两顿稀粥。

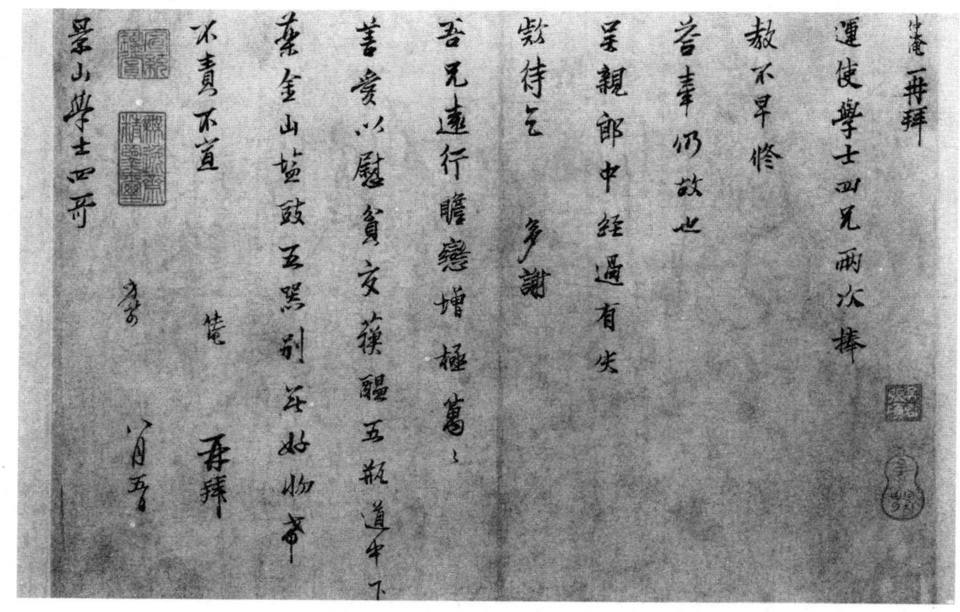
仲淹再拜
運使學士四兄兩次捧
教不早修
答幸仍故也
呈親郎中經過有失
欵待乞　多謝
吾兄遠行瞻戀增極篤篤
善愛以慰貧交蕪醞五瓶道中下
藥金山茶兩角別無好物希
不責不宣　仲淹再拜
景山學士四哥　八月五日

刚开始做官的年月里，我的俸禄少，尽管我和你们的母亲省吃俭用，也没让你奶奶吃过什么好东西。后来我的俸禄多了，你们的奶奶又早早地离开了人间。你们的奶奶真是苦了一辈子呀！”

说到这里，范仲淹的心里很难过。他看着孩子们，除了范纯粹仰着小脸听父亲说话，范纯仁、范纯礼都低着头，显出十分悲痛的样子。

范仲淹接着说：“可是，你们兄弟几个，从小就没有吃过苦。现在我最担心的是，你们会不会丢掉咱们范家勤俭的家风。”

几个孩子听了这话，都低头思索，默默无语。也许就在此刻，“勤俭家风”的概念已经铭记在他们的脑海。

范纯仁娶妻时，心想，结婚是大事，况且父亲又是个大官，会有多少人要来贺喜。但如果大操大办，父亲能同意吗？于是，他把打算购买的许多贵重物品，列了一张清单，请求父亲批准。

范仲淹拿着清单，越看眉头皱得越紧，他摇了摇头，生气地对儿子说：“太过分了！哪能为婚事这么浪费？你这个清单，我得划去多半！”

范纯仁听了，就像被兜头泼了一盆冷水，心里很不是滋味。

范仲淹走到儿子身边，语重心长地说："孩子呀，不是爹舍不得为你花钱，如果你过惯了荣华富贵的日子，就吃不了一点儿苦了。"

经过爹爹的教诲，范纯仁终于冷静下来了，让爹爹为他修改了清单，最后办了一个很简单的婚礼。

范纯仁结婚后，他的妻子用罗绮做一个大大的幔帐，甚是华美。范仲淹听到这件事，把范纯仁、范纯礼叫来，对他们说："我们家向来清俭，用罗绮为幔，岂不是乱了我们的家法？如果你们继续这样做，我一定要在院子里把它烧掉。"

范纯仁和范纯礼想起爹爹平时的教诲，急忙说："爹爹，请您不要担心，我们一定会保持住咱们的家风。"

范仲淹说："这很好！这样我死以后也就瞑目了。"

范仲淹为子女能保持勤俭的家风而感到欣慰。同时他又感到自己年纪大了，而且身体也越来越差，但多年节俭而积蓄的那些俸禄又怎么使用呢？范仲淹坐在那里，反复地思考着。

这一天，范仲淹把范纯仁、范纯礼叫来说："我年纪大了，不过这些年来我还积存了不少钱财，你们看应该怎么办呢？"

范纯仁和范纯礼低头思想，没有表态，其实他们是想听听父亲的意见。

"怎么，留给你们几个分掉？"范仲淹问两个儿子。

"不！不！我们不要。"两个儿子异口同声地说。

范纯仁脑子里一转，出主意说："爹爹，你在边防时曾把钱财送给了穷苦的兵士；在应州和邠州时，又善施给了那里的百姓。如果你还像过去那样，把积存的俸禄用来周济他人，不是很好吗？"

范仲淹听了范纯仁的话，心中暗暗高兴。他说："是啊！我就是想这么做。我做官几十年，虽然泛爱乐善，广施于人，但对咱们老家的族人还没有办过什么事情。我想把这些剩余的俸禄在吴县买上千亩良田，作为义庄，养济族人，使范姓之民日有食，岁有衣，嫁娶凶葬都有些补贴。你们看怎么样？”

两个儿子说：“爹爹说得极是，我们完全赞同。”

范仲淹又说：“这件事我已考虑了很久，还准备在族人中收一名义子，代我管理义庄。”

范仲淹停了一会儿，又告诫孩子：“将来你们做了官，要保持好咱们的家风，千万不能只顾自己享乐，要先忧天下人，要为国家和百姓多做些事情。”

到了晚年，范仲淹和当时的隐士林逋多有来往，很多人猜测他似有退隐之意。

这时，有人劝范仲淹的二儿子范纯仁给老人家安排一个栖身之地。范纯仁就找到范纯礼，商量要在河南府给父亲建造一处宅第和花园，一来可以作为父亲晚年欢愉之所；二来也算做儿子的一片孝心。

范仲淹听了摇着头说：“不成！不成！”

范纯礼说：“爹爹，河南府建了那么多，我们怎么就不能建？”

范仲淹语重心长地说：“孩子，一个人假若有了道义上的快乐，即使是赤身露体地躺在漫天野地里，心里也是高兴的，何况我还有房子住。我早就说过：士当先天下之忧而忧，后天下之乐而乐。我怎么能无忧无虑地一个人去享清福呢？我现在担忧的是那些身居高位的人不愿从高位上退下来，不担心自己退下来以后没有好的居住条件。关于建造宅第的事，你们永远不要再提了。”

1052 年春，范仲淹又调往颍州，就是现在的安徽阜阳。在往颍州上任的途中病逝，终年 64 岁。当时人们无不为这个尽国爱民的清官而悲哀，都赞叹范仲淹的高尚情操。

范仲淹一生非常俭朴，为后人所称颂。他的千古绝句更叫人荡气回肠。

先天下之忧而忧，后天下之乐而乐。

其实，这千古名句正是范仲淹一生为人做官的真实写照。

司马光严于克己自律

司马光是北宋时期杰出的政治家、思想家，同时又是古代伟大的历史学家。他严于克己、节俭自律的风范，同样体现出儒家“克己奉公”思想的精髓。

司马光是北宋陕州夏县涑水乡人，陕州就是现在的山西。他为官近40年，大部分时间是在中央任职，而且官职不低。后来他离开京都，身居洛阳，潜心著书，完成了光辉著作《资治通鉴》。

洛阳为北宋时期西京，这里住着很多王公大族，因此到处可以见到深宅大院、亭台楼阁。有的园宅建得富丽堂皇，气势恢宏，飞檐斗兽，华丽无比。

司马光性情淡泊，不喜奢华。他住在洛阳西北数十里处的一个陋巷中，只有几间避风雨的茅檐草舍。一到三九寒天，北风呼啸，茅檐多被风卷去，室内冷气袭人；盛夏，又酷热难熬。一年冬天，大雪纷飞，天寒地冻，北风狂吼，一般有钱人家都得生火取暖，而司马光家竟连一盆炭火也没有，屋里寒气逼人。

有一天，一位东京来的客人慕名拜访司马光，在“客厅”里，宾主落座，热情交谈。谈了一会儿，因室内寒冷，冻得客人瑟瑟发抖。司马光很抱歉，只好吩咐熬碗栗子姜汤给客人驱寒。

客人喝了姜汤，身体暖和了一些，但叙谈一阵，姜汤失去了作用，寒气

再次袭来，只好起身告辞。

后来，这位客人又去拜访学者范镇。在范镇家中，不仅有炭火取暖，而且摆上丰盛的酒菜，宾主频频交杯，消寒去冷。

前后对比，这位客人便和范镇提起了拜访司马光的事，感到司马光对人冷淡。

范镇听了，认真地说：“不，你不了解他。他一向崇尚俭朴，不喜欢奢华。他并不是对你冷淡，我到他家也一样。平日，他自己连一杯栗子姜汤也舍不得喝呢！”客人听了十分感动。

司马光为了御寒，就想办法解决了房屋“夏不避暑，冬不避寒”的问题。他在房中挖地砌砖，修了个地下室。这件事传出去后，当时的西京人流传这样一句话：

王家钻天，司马入地。

司马光本来官高势显，积万贯家财，富甲天下，是完全可以办到的，然而，他却如此清贫自守，不能不令时人赞叹。

司马光为官正派，一生忧国忧民，他看到北宋人民卖儿卖女，无以为生，宗亲贵臣之家却花天酒地，挥霍无度，十分憎恶。他认为，“府库之财，民之膏血”，必须节用开支，以舒民力。

有一次，宋仁宗赵祯向大臣们赏赐财物，金银珠宝，丝绸绢帛，光彩夺目。大臣们个个乐不可支。

司马光见此情景，十分反感，于是上疏皇上，指出，国家正处多事之秋，民穷国困，中外窘迫，表示不接受赏赐，他把所得珠宝交给谏院作为办公费。

司马光为人心地善良，经常把俸禄周济穷困的亲戚朋友。司马光曾经遇到有一个叫庞籍的人，他死后遗下孤儿寡母，生活无着落，非常可怜。司马光便将孤儿寡母接到家中，待他们如同自己的父母兄弟，使周围的人深受感动。

司马光周济穷困之人，却在妻子故去时，连安葬妻子的钱也拿不出，只好把仅有的 3 顷薄地卖掉，安葬了妻子，尽了丈夫的责任。这就是人们传颂的司马光“典地葬妻”的故事。

司马光不仅自己一生节俭，他还特别重视教育子女勤俭，他写一篇《训俭示康》一文教育儿子司马康，必须养成俭朴习惯。他说：“衣服能以蔽寒，吃的能够充饥就可以了。许多人以奢侈豪华为荣，我独以俭朴为美德。”

司马光还引鲁国的大夫御孙的话说：“俭是一切美德的基础，奢侈是万恶的根源”。

他引申解释说：“凡是俭朴的人私欲就少，有地位的人私欲少，就不会被五光十色的物质所诱惑，就能走光明正大的道路，一般的人私欲少，就能够自身谨慎，节俭花费，避免犯罪，发家致富。”

“所以说，俭是一切美德的基础；奢侈，就私欲多，有地位的人私欲多，就会贪图富贵，离开正道招来祸患；一般的人私欲多，就会多取滥用，败家丧身。因此当官必然受贿，当平民必然偷盗。所以说，奢侈是万恶的大根源啊！”

司马光以其高尚道德赢得了崇高的威信，被誉为“真宰相”。田夫野老，妇人孺子，都知道有个司马相公。

宋哲宗赵煦继位以后，司马光被召回京师。人们听说司马相公要从洛阳回来了，几乎倾城出动，都要亲眼看一看这位“大人”。

史书记载当时的情景是：

> 都人叠足聚观，致马不能行。有登楼骑屋者，瓦为之碎，树枝为之折。

人们都以亲眼目睹司马光尊容为一生荣幸。

司马光晚年，年老体弱，他的好友刘贤良要用50万钱买个女婢供他使唤，司马光当即复信谢绝，说：“吾几十年来，食不敢常有肉，衣不敢有纯帛，多穿麻葛粗布，何敢以50万市一婢乎？”

司马光的俭朴德行对后辈影响很大，他的儿子司马康做官以后，也像父亲一样节俭朴素，被称为“为人清廉，口不言财”的一代廉士。

1086年9月，在山西闻喜县南旧夏县涑水乡竖起了一通高大的墓碑，上面刻着“忠清粹德”4个大字。墓碑后面，静静长眠的就是当朝宰相、大史学家司马光。

司马光以“日力不足，继之以夜”的自律意识，克己做人，克己教子，克己治学，克己奉公。他的人格堪称儒学教化下的典范，他的美德被人们万古传颂。

王安石不讲吃穿只为公

王安石是北宋时期临川盐阜岭人，就是现在的江西抚州临川区邓家巷。杰出的政治家、思想家、文学家、改革家，“唐宋八大家”之一。他一生致力于变法事业和文学创作，对于吃穿打扮这类事情，从来都不放在心上。

在平日里，王安石的朋友们看见他总是穿着一件旧衣服，有个朋友说：“安石准是有了怪毛病，一定是不喜欢穿新衣服。”为了验证这一猜想，有一天，他趁王安石洗澡的时候，偷偷地把王安石的旧衣服拿走了，又放上了一套华丽的新衣服。

过了一会儿，王安石洗完澡，拿起那套新衣服，连看都没看，穿上就走。他根本没发现自己的衣服已经被人换过了。

这时，朋友们才明白，王安石确确实实专心干事业，对平时穿什么衣服根本不注意。

王安石对饭菜也从来不挑拣，家里做什么，他就吃什么，只要能吃饱就行了。而且他在吃饭时，哪个菜离得近，就随便吃哪个菜，从不伸长了筷子去夹稍远一些的美味。

王安石做丞相时，家人们私下传说他爱吃獐脯。这话传进王安石夫人的耳朵里，心想：相公平日吃东西从来不挑拣，难道他做了丞相，口味就跟着变了吗？王夫人好生疑惑，就唤来家人问道：“你们怎么知道相公爱吃獐脯呢？”

家人答道：“我们亲眼看到相公不吃别的，只吃獐脯。”

王夫人想了想，又问道：“吃饭时，獐脯放在什么地方？”

家人说：“就放在相公跟前。”

王夫人心中一动，吩咐说：“明天吃饭时，你们把獐脯放到离他远的地

方去，把别的菜放在相公面前，看看相公怎样？”

第二天，家人来报告说：“我们照夫人的吩咐做了，今天相公只吃了眼前的菜，那盘獐脯离相公较远，相公就连动也没动。”

王夫人终于验证了自己的判断。原来，家人说王安石爱吃獐脯，是因为他把獐脯放在了离王安石很近的位置了。

王安石身为丞相，虽官高禄厚，但自己不讲穿、不讲究吃，而且在招待来客时，也不失节俭之风。

有一次，王安石儿媳娘家的一个萧姓公子，趁着来汴京游玩的机会，特地华衣锦服，来拜相府。这位萧公子在家娇生惯养，吃惯了美味佳肴。这次来相府，满以为会有什么珍馐美味大饱口福，于是，就在一上午的时间禁食节茶，一心等待丰盛的午宴。

时近中午，仆人来唤萧公子就餐，萧公子跟随仆人来至餐厅。然而，出乎萧公子意料的是，桌上只有几盘家常便菜，几杯薄酒。他很有些失望。转念一想：丞相府上焉能如此寒酸！

酒过数巡，王安石说了声：“进汤饭来。”随后，仆人便把一盆汤和两盘薄饼放在桌上。

见到这最后的一道汤饭，萧公子彻底失望了，只好拿起一张饼，剥掉了饼边和外皮，勉勉强强地吃了饼心，便撂筷了。

这萧公子哪里知道，这便饭还是王安石的待客饭，而他自己平日里只有一菜一汤。

王安石看了看桌上的残饼，心中感慨：百姓多有食草根、树皮、观音土者，年轻人竟如此不知节俭，怎能兴国立业！于是，对萧公子说："公子，你读过唐代李绅的悯农诗《锄禾》吗？"

萧公子答道："读过。"接着，背了起来，"'锄禾日当午，汗滴禾下土；谁知盘中餐，粒粒皆辛苦'。"

王安石捋着胡子说："背得很好！公子，你一定知道这首诗的含义吧？"

这时，王安石的小儿子王雱抢着说："我知道，是说农夫顶着晌午的烈日去锄禾，汗滴洒在禾苗下面的土里，谁能知道盘子里的饭，一粒粒都是辛苦劳动换来的。"

萧公子听了，心下有些惭愧。

这时，就听王安石说："说得好！既然这盘中餐，粒粒皆辛苦，我们把这残饼吃了吧！"说完，从桌上拾起几块饼渣，吃了起来。

萧公子一看，顿觉汗颜，赶快俯身攒起饼渣，把它吃下去了。这顿饭，他算是上了一堂道德教育课，也确实受益匪浅。

王安石倡节俭食残饼的事，一时被传为佳话。

苏轼的节俭自律作风

苏轼是宋代著名的文学家。他 21 岁中进士，做了 40 年官，有得意之时，也有被贬的不幸遭遇。不管是处于逆境还是顺境，他都节俭自律，极力反对奢侈。

苏轼认为，人的欲望是无穷尽的，注意节约，“每天吃三白饭”，对身体和事业都有好处。

一天，苏轼和史学家刘贡父一起闲聊，聊到了医药卫生和保健养生。刘贡父问苏轼什么东西最好吃，苏东坡毫不犹豫地说：“我和弟弟在京城学习经义对策、准备应试时，每天吃三白饭，吃得津津有味，不相信人间会有更好吃的美味。”

刘贡父问：“什么三白饭？我怎么从来没有听说过啊？”

苏轼笑了笑，答道：“其实平常得很，只不过你可能没有尝过。”

刘贡父说：“不会的。好吃的鸡鸭鱼肉、海参鱿鱼，家常的白米、高粱、玉米面，我什么没吃过？可就是没尝过什么三白饭四白菜。”

苏轼说：“就是一撮白盐，一碟白萝卜，一碗白米饭，这不就是‘三白’饭吗？”

刘贡父听了哈哈大笑，然后说：“原来就是这玩意儿啊！”

“是啊！”苏轼有些感慨，就在知心朋友面前，讲起当时吃三白饭的情形，“我们兄弟父子三人进京考试，时间不短，耗费很大。当时家境不甚宽裕，

所带银两不是很多，不敢大手大脚花钱。第一次参考，考中考不中，心中没数。要是考不中，留在京城继续攻读，消费是个无底洞，就是回家读书，下次再来考试，开支也不是个小数目。在这样的情况下，我们不敢像那些富家子弟那样讲究，只能省吃俭用。”

刘贡父宽慰苏轼说：“不过，这样也好。穷则思变，尝过穷日子的滋味，更能发奋学习。你看你们父子 3 人今天不都脱颖而出，成了名人了吗？”

这次聚会过了很久，有一天，刘贡父写请帖给苏轼，邀他到家里吃“皛饭”。

苏轼对人说：“刘贡父读书很多，他的这个‘皛饭’，一定是有来由的。”

等苏轼到了刘贡父家吃饭时，发现桌上只有盐、萝卜和米饭，这才恍然大悟，知道这是刘贡父用 3 个“白”字开的玩笑，不禁微微一笑，便大吃起来。

吃完饭，苏轼告辞出来，临上马时对刘贡父说：“明天到我家，我准备用‘毳饭’款待你。”

刘贡父担心被苏轼戏弄，但又想知道“毳饭”到底是什么，第二天便如约前往。

两人谈了很久，早过了吃饭时间，刘贡父肚子饿得“咕咕”叫，便问苏轼为啥还不开饭。苏轼说：“再等一会儿。”像这样好几次，苏东坡的回答老是这句话。

最后，刘贡父说：“饿得受不了啦！再不开饭，我可要走了。”

苏轼这才慢吞吞地说：“盐也毛，萝卜也毛，饭也毛，岂不是‘毳’饭？”

刘贡父捧腹大笑，说：“本来我就知道你一定会报昨天的一箭之仇，但万万没想到这一点！”

玩笑过后，苏轼传话摆饭，果然也是白盐、白萝卜、白米饭。两人一直吃到傍晚，刘贡父才回家。由此可见，文人之间的戏谑有时是很有趣的，但其中往往体现了他们真实的内心意愿。

由于苏轼多年养成了节俭的好习惯，所以当他被贬官降职来到偏远的黄州时，也没有被穷困窘迫所吓倒。

贬官没有足够的钱，当然就没有足够的口粮，怎么办？苏轼的决定同样潇洒：脱下文人的长袍，穿上农夫的短打，自己动手，开荒种地。经过多方申请，当地衙门批给苏轼一块 3.3 公顷亩的废弃坡地。

这块 3.3 公顷亩的贫地正好位于黄州城东门外，于是苏轼干脆给这块地取名“东坡”，并自称“东坡居士”。苏东坡这个名号就是这么来的，它在民间的影响可要比苏轼这个名字大多了！

在一般文人看来，开荒种地本来就不是什么体面事，一块废弃的地，偏偏称作什么“东坡”！一介犯官，被贬偏僻之地，穷困潦倒，却还要自称什么“居士”！其实，这恰恰就是苏东坡的与众不同之处。

谁说文人不能种地？谁说种地的人就不能自称居士？没有饭吃，就得种地，收割庄稼，就有饭吃，就是这么简单的道理，多少所谓的文人却不明白，也不愿意明白。

“居士”的本意是指在家修行的佛教徒，但“东坡居士”这个称谓显然超越了本意的内涵，拥有更丰富的魅力。

黄州的苏东坡，是个平凡的养家糊口的劳动者，是个善于在劳动中寻找审美趣味的文人，也是个勇于在苦难中摆脱心灵枷锁的哲人。黄州的苏东坡，在后代的眼中雅俗共赏，赢得了农夫与士大夫的共同赞许，而“东坡”也成为他在黄州的第一个重要象征。

为了度过困境，苏东坡将已经降低的薪俸精打细算，计划开支。这个办法是：将收入分为 12 份，每月用一份，每份又分成 30 小份，每日用一小份。又把分好的这些钱装在口袋里挂在房梁上，以后每日清晨取下一包。取下这包钱再计划一下，先买急需的，能省就省。一天下来决不超支。每日剩下的钱他又装入另备的一只竹筒里，以备紧急事件时再用。

苏轼在身居高官的时候，也不忘节约俭朴。他给自己规定：每顿饭只能是一饭一菜。若来了客人，也只许加两个菜。如果亲朋请他去做客，他也事先告知对方，不要铺张，不然他就拒绝入席。

有一次，苏轼的一位好友从远地来看他，多年不见，分外亲热。好友请他去叙旧，苏轼推辞不过，再三叮嘱好友按老规矩，不可铺张。友人连连答应。

第二天，苏轼按约赴宴。当他来到友人家中一看，大吃一惊。原来，友人觉得多年不见，今日宴请苏轼，理应丰盛一些，而在苏轼看来，却是过于奢华排场了。

苏轼皱皱眉头，说："我们有约在先，现在怎么还这样铺张。"

友人一再解释说："按我原意，比这还要丰盛，已经按兄长之意减去了一半。"

苏轼摇摇头，说："你还是不了解我呀，我不是仅嘴上说说而已，而是从心眼儿里反对浪费的。请你撤去多余菜饭，够我两人食用即可，不然，我就要告辞了。"

友人点点头，心里顿时升起敬佩之情，说："好吧，就按你的意思办。"

仆人撤去了一大半，仅剩下 4 个盘子一壶酒。

苏轼笑着说："这不是很好嘛！"然后和友人举起酒杯，热情地叙谈起来。

苏轼走后，他的朋友感慨地说："当年他遭难时，生活很节俭。没想到他如今身居高位后，还这样节俭。"

节俭的意义是当用则用，当省则省。换句话说，就是省用得当。在这一点上，苏轼，"东坡居士"，给世人树立了一个好的榜样。

子语鲁大师乐

子语[①]鲁大师[②]乐曰："乐其可知也：始作，翕[③]如也；从之，纯如也，皦[④]如也，绎[⑤]如也，以成。"

仪封人[⑥]请见，曰："君子之至于斯也，吾未尝不得见也。"从者见之。出曰："二三子何患于丧乎？天下之无道也久矣，天将以夫子为木铎。"

【注释】

①语：告诉，动词用法。

②大师：乐官名。

③翕：xī，意为合、聚、协调。

④皦：jiǎo，音节分明。

⑤绎：连续不断。

⑥仪封人：仪为地名，在今河南兰考县境内。封人，系镇守边疆的官。

【解释】

孔子对鲁国乐官谈论演奏音乐的道理说："奏乐的道理是可以知道的：开始演奏，各种乐器合奏，声音繁美；继续展开下去，悠扬悦耳，音节分明，连续不断，最后完成。"

仪这个地方的长官请求见孔子，他说："凡是君子到这里来，我从没有见不到的。”孔子的随从学生引他去见了孔子。他出来后（对孔子的学生们）说：“你们几位何必为没有官位而发愁呢？天下无道已经很久了，上天将以孔夫子为圣人来传道于天下。”

【故事】

周公创制礼乐制度

中华之“礼”发端于周公，是周公通过制定周王朝典章制度，开启了中华民族以礼为人处世的先河。

那是在周武王灭商朝建周朝之后，为了加强对国家的管理，实行了“封诸侯，建同姓”的政策，把周王室贵族分封到各地，建立西周王朝的属国。周武王去世后，年幼的周成王继位，周武王的弟弟周公辅政。

这时，周公的兄弟管叔、蔡叔和霍叔等人勾结商纣子武庚和徐、奄等东方夷族反叛。周公毅然出师，3 年后平定叛乱，并将国家势力扩展至东海。

为了控制东征后新占领的东部地区，周成王封周公的儿子伯禽为鲁国的国君，建立鲁国，管理徐、奄之民和从殷都迁来的移民，担负稳定东部地区局势，充当周王朝政权藩屏的任务。

临行前，周公告诫伯禽说：“你不要因为当了国君就骄傲起来而怠慢了士人。我在国家中地位是不低的，但是我还是谦虚待人，总担心因为自己工作做得不好，而失去天下的士人。你到鲁国去，绝对不要因为是国君就看不起人。”

伯禽又问周公：“请问如何治鲁？采用什么方法有效？”

周公说：“品德高尚而能恭恭敬敬者必定会发达兴旺；属地广大富庶而

能节俭者必定会安宁；官高位显而待人谦逊者必定会越受人尊敬；兵多将强而不轻敌者必能取胜；聪明智慧而又自以为愚者必能不断进步；学识渊博而又自以为浅薄，虚心学习者，必定能日益增长见识。这六者都是谦虚的表现。所以《易经》中说，有一种品德，大足以守天下，中足以守国家，小足以守身，这就是谦虚啊！”

伯禽到了鲁国以后，遵照父亲的教导来对待臣民，治理国家。当时鲁国君臣团结，社会风气也很好。鲁国被人称为“礼仪之邦”。

周公是一位德才兼备并且忠心耿耿的臣子，他还在周成王以后，营建东都洛邑，就是现在的洛阳，并在洛邑开始了制定各种典章制度的工作。

周公在“分邦建国”的基础上总结、继承和完善，系统地建立了一整套有关“礼”“乐”的完善制度。这就是后世所谓的“周公制礼作乐”。

周公所制的礼，集中体现在“五经”之一的《周礼》中。《周礼》，又称《周官》，有时也称《周官礼》，是一部通过官制来表达治国方案的著作。

它涉及的内容极为丰富。大至天下九州，天文历象；小至沟洫道路，草木虫鱼。凡邦国建制，政法文教，礼乐兵刑，赋税度支，膳食衣饰，寝庙车马，农商医卜，工艺制作，各种名物、典章、制度，无所不包。堪称“上古文化史之宝库”。

西周时期的礼法相传是相关政治准则、道德规范和各项典章制度的总称。周公规定了国都地点的选择、王畿和九畿的分布、地方居民组织，体现了古代阴阳五行思想，显示了相当成熟的政治思想和高超的运筹智慧。

周公规定贵族饮宴列鼎的数量和肉食种类：王九鼎包括牛、羊、乳猪、干鱼、干肉、牲肚、猪肉、鲜鱼、鲜肉干；诸侯七鼎包括牛、羊、乳猪、干鱼、干肉、牲肚、猪肉；卿大夫五鼎包括羊、乳猪、干鱼、干肉、牲肚；士三鼎包括乳猪、干鱼、干肉。

乐舞数量也有差异。这些制度自制定后，任何人都不能修改。周王有权惩罚违礼的贵族。周公的礼乐制度还包括“爵谥”制、“法”制、“嫡长子继承”制和“乐”制等。其中最重要的是嫡长子继承制和贵贱等级制。

周公对夏殷历史是了如指掌的，当时没有严密的继承制，所以他不能不考虑商代灭亡的经验教训。

殷的传弟和传子的并存，曾导致了“九世之乱”。传弟终究还要传子，这本来是生物的规律。

传子和传弟有传长、传幼和传贤的矛盾。传弟更有个传弟之子和传兄之子的矛盾。这些矛盾的存在，往往导致王室纷争，王室纷争又会导致王权衰落。

周公确立的嫡长子继承制，即以血缘为纽带，规定周天子的王位由嫡长子继承。同时把其他庶子分封为诸侯卿大夫。他们与天子的关系是地方与朝廷、小宗与大宗的关系。

自周公以后，周成王、周康王、周昭王、周穆王、周共王、周懿王，除去周孝王外直至周幽王都是传子的，这不是偶然的，这种制度即嫡长子继承制的确立应归功于周公。

嫡长子继承制确立以后，只有嫡长子有继承权，这样就经法律上免除了嫡子以外的旁支兄弟争夺王位，起到稳定和巩固管理秩序的作用。嫡长子继承制是宗法制的核心内容。

周公还制定了一系列严格的君臣、父子、兄弟、亲疏、尊卑、贵贱的礼仪制度，以调整朝廷和地方、王侯与臣民的关系，加强朝廷政权的管理。

周公所制定的“礼”，是维护管理者等级制度的政治准则、道德规范和各项典章制度的总称，后来发展为区分贵贱尊卑的等级教条。“乐”则是配合各贵族进行礼仪活动而制作的舞乐。舞乐的规模，必须同享受的级别保持一致。

“礼”强调的是“别”，即所谓“尊尊”；而“乐”的作用是“和”，即所谓“亲亲”。有别有和，是巩固内部团结的两方面。“礼”所要解决的中心问题是尊卑贵贱的区分，即宗法制，进一步讲是继承制的确立。

周公把宗法制和政治制度结合起来，创立了一套完备的服务于奴隶制的上层建筑。

周天子是天下大宗，而姬姓诸侯对周天子来说是小宗。这些诸侯在自己封国内是大宗，同姓卿大夫又是小宗，这样组成一个宝塔形结构，它的顶端是周天子。周代大封同姓诸侯，目的之一是要组成这个以血缘纽带结合起来的政权结构，比殷代的联盟形式前进了一大步。

周代同姓不婚，周天子对异姓诸侯则视为甥舅关系。血缘婚姻关系组成了周代人的管理系统。这在当时的具体条件下，形成一种以华夏族为主体的层次分明的政权机构，一种远比殷人的管理更为进步的机构。

由宗法制必然推演出维护父尊子卑、兄尊弟卑、天子尊诸侯卑的等级森严的礼法。这种礼法是隶属关系的外在化。反过来它又起到巩固宗法制的作用，其目的是维护父权制，维护周天子的权力，谁要是违反了礼仪、居室、服饰、用具等的具体规定，便视为非礼、僭越，就要受到惩罚。

周天子能授民授疆土，则必以土地国有为前提。正所谓“普天之下，莫非王土；率土之滨，莫非王臣”，在周公文治武功盛极一时的时代，这并非虚构。由此引申出来的“田里不鬻”，土地不许买卖等，出自周公之手。

西周时期盛行一种明堂制度。所谓明堂，是周天子祭祀上帝、文王及举行各种大典时使用的建筑物。西周明堂一般建于国都的近郊，有 9 室 12 堂，以茅草覆盖屋顶，上圆下方，以水环绕于四周。明堂制在秦代时废除不用，两汉时期再度兴起，并被后来的历代沿袭。

西周时期沿袭了商代的祭祀传统，但其中包括的神秘色彩已非常淡薄。西周时期的祭祀对象分天神、地祇、人鬼 3 类。天神主要有天帝、日月星辰、司命、风师、雨师等；地祇有五岳、山林川泽、四方百物等；人鬼专指祖先而言。

西周时期的礼法在服饰方面也有体现。西周时期沿用商代的上衣下裳之制，但材料和手工比商代时更精细讲究，不同等级之间的差异也更显著。周代人也有将上衣与下裳连为一体的称为“深衣”。周代人衣服上常佩戴各种饰物。

据记载，西周时期贵族的衣服以毛、丝、帛、裘等为原料制成，配以各种玉饰，舒适而美观。平民的衣服则往往以麻、葛、粗毛等制成，式样短小，便于劳作。周王和贵族的头顶戴冕，士人戴冠，则平民只准戴巾。

总之，周公制礼作乐涉及当时社会的方方面面，一方面是在总结前人经验的基础上加以系统化；另一方面也是周代人具体实践的总结。西周的礼乐制度，形成了西周时期特色的礼乐文化与礼乐文明，对后来历代文化都产生巨大而深远的影响。

孔母教子礼仪音律

颜徵在，是孔子的母亲。她重视对孩子进行早期教育，培育出“孔圣人”，故世人称她为“圣母”。

孔母，非常重视孩子的早期教育。她认为：一棵树，幼小时易调直扶正。若长成歪树后，再修剪就不易了。对孩子也应如此，要进行早教。

在孔子还是个不懂事的孩童时，孔母就为他买了很多乐器。有时自己为孩子吹弹，有时请人为孔子演奏，有时让孩子自己任意玩弄。

邻里不解，问：“叫孩子玩乐器为何？”孔母答：“无规矩不成方圆。做人、办事要讲规矩。无章法，演奏不出动听的乐曲，让孩子懂些礼仪音律，对他日后成长大有益处。”

孔子在母亲的教育下，很小就会吹拉弹唱，懂得礼仪规矩。透过学习演奏乐器，孔子渐渐懂得了音与音之间的规律，悟出了人与人之间的关系。

在礼仪的启示下，孔子逐渐形成了以“仁”为核心的儒家思想，规范了君臣、臣民、父子、夫妻各种关系。孔子成了儒家思想的创始人。

孔子践行以礼问礼

自从周公制礼作乐以来，礼乐文化的一切重要方面都发生了质的变化，从而被打上了文明社会的印记。这种新的文明模式，不仅是对夏商时期文化的改造，而且对整个华夏文明的发展都产生了极为深远的影响。

至春秋战国时期，古代社会经历了第一次社会转型和文化重构。由于社会的巨大变革，周公制定的典章制度被破坏，当时的社会现实是“礼崩乐坏”。在这样一种历史条件下，似乎更需要另一个大贤的出现。于是，一个影响了我国历史数千年的圣人诞生了。这个圣人就是孔子。

自古圣人多磨难。孔子3岁丧父，17岁丧母。他在15岁时就立下“志于学”的宏愿，学无常师，勤学好问。

孔子10多岁时，一有机会就进入鲁国太庙，悉心研究太庙收藏的典籍和礼器。

这一天，孔子又早早起床，洗漱正冠，虔心静举，来到太庙。古代开国之君称“太祖”，太祖之庙称为“太庙”。鲁国是周公封地，鲁国太庙就是周公之庙。

孔子一生敬仰周公，对周公辅佐周文王、周武王立国的事已经非常熟悉了。进入庄严高大的鲁国太庙，面对周公塑像，他也跟着大人们那样，行三跪九拜之礼。孔子在太庙看到各种各样的祭器，如鼎、鬲、爵、觚、壶等，一一询问用途。

大祭仪式开始，鼓乐齐鸣，人头攒动，太庙里香烟缭绕，一会儿上猪牛羊，一会儿献爵，一会儿奠帛，一会儿读祝，一会儿叩拜。人们做一件，孔子就问一件。

鲁城的人对祭祀大礼都熟悉，有人问孔子为何要处处问个

详尽，年幼的孔子这样回答说："勤于求教，不耻下问，这本身就是知礼，我这是以礼问礼！"

公元前535年，孔子17岁，这一年孔母颜徵在去世。在孔子守孝期间，鲁国公族大夫孟鳌子病重，不到一天就去世了。他的儿子孟懿子遵照父亲的遗愿，去找孔子学礼，还邀请南宫适同行。南宫适是孟懿子兄长，因为贤德，孟鳌子赐他南宫之姓，名适，一名韬，字子容，后谥敬叔。

南宫适与孔子志同道合，交往甚密，见孟懿子相邀自然高兴，只是顾虑孔子在服孝期间拜师恐怕不合礼仪，心里有些犹豫。

孟懿子说："礼在任何时候都是通行的，如果不合礼仪，孔子自然会告诉我们，我们去和他见见面也是好的。"

于是两人来到防山。

孔子见到他们后，以丧礼迎接，让入墓庐中，三人坐定。

南宫适说："令堂仙逝数月，我等前来看望你，希望节哀顺变！"

孔子说："谢谢两位！"

孟懿子说："我们这次前来，不知是否合乎礼仪？"

孔子说："人情尚在，当合礼仪。"

南宫适说："此次前来，一来看望你，二来遵家父遗训，向先生请教礼仪，望不吝赐教。"

孟懿子接着又说道："你我都在服丧期间，我来学礼，不知是否合礼？"

孔子回答说："守孝，本身就是尊礼，议论礼也是尊礼，没有关系的。"

孟懿子于是向孔子请教："何谓礼？"

孔子回答："所谓礼，就是把人的情和义充分展示出来。情，就是喜、怒、哀、惧、爱、恶、欲；义，就是父慈、子孝、兄良、弟悌、夫义、妇柔、长惠、幼顺、君仁、臣忠。讲信修睦，就是情义，这些离开了礼都不能实现。"

孟懿子又问："礼，具体体现在哪些方面呢？"

孔子说："在人的生活中无不体现着礼。所谓的六礼，七教，八政，都是礼。六礼，即冠礼，婚礼，丧礼，祭礼，乡饮酒礼，士相见礼；七教，包括父子，兄弟，夫妇，君臣，长幼，朋友，宾客的人际关系；八政，包括饮食习惯，衣服制度，技艺标准，器具品类，度，量，数目，规格等。"

春秋时期礼的形式很烦琐，对于礼的内容与精神，孔子最后总结道："礼有大，有小，有明显，有隐微。所以大礼有三百，小礼有三千，但有一个基本的目的就是合乎人情。发乎情，止乎礼，就像进入房屋没有不从门口进入的一样。"

三人谈礼，不知不觉已过数日。在那样荒凉孤苦的日子里，与良朋灯下夜话，孔子的思亲之痛，暂时得到了缓解。南宫适在这里拜孔子为师。孔子见他品德高尚，洁身自好，就把侄女嫁给了他。后来成为"孔门七十二贤"之一。

公元前 523 年的一天，孔子准备去周的京都洛邑寻访老子，并让南宫适同行。洛邑就是现在的洛阳。鲁昭公听说后欣然同意，并赐孔子车一乘，马两匹。经过 5 天的行程，两人来到周都洛邑。

老子，姓李，名耳，字伯阳，去世后谥号为聃，世称"老聃"。老子通晓上下古今之事，晚年躬耕授徒，讲道论德。他先任周王朝管理藏书的官员，后来又做了柱下史，也就是后来所说的御史。

老子对孔子带弟子来访，非常高兴，忙令童子将道路打扫干净，亲自迎接孔子。

孔子见到老子，恭敬地行见面礼，双手捧着大雁献给老子，以表示对老子的敬意。孔子说："丘久慕先生博古通今，专程和子容前来求教。敢问先生，为何今日礼仪不及古代礼仪呢？"

老子叹息地说："这是和周朝王室政治衰微，诸侯各国相互争霸分不开的，各诸侯国为了称雄，不惜僭越礼制，已把周礼弄得不成样子了！"

孔子再问："请问周朝古礼的源流在哪里呢？"

老子说："讲到周朝古礼，那是周公旦辅佐周武王和周成王时制定的。在西周极盛时期，各种礼制也很完备，上下遵守，谁也不敢僭越。但是，自东周以来，王道日渐衰微，古礼也就渐渐泯灭了！"

孔子又说道："请教先生，周朝古礼有哪些主要方面？"

老子说："两位要知古礼，我看耳闻不如目睹，若两位愿意的话，我当领两位去看一看。"

老子引路走在前面，就近先看明堂。

孔子在明堂前举目四顾，只见四面大门上，画着尧、舜、桀、纣的像。尧、舜的相貌和善魁梧，带着兴旺的神气；桀、纣的相貌凶恶尖削，带着颓废的神情。还有周公像，成王图，还有鼎铭盘铭，多得一时目不暇接。

退出明堂后，老子又引导他们去太庙，参观各式祭器。太庙的祭器大大小小约有数十种，老子将各种祭器的名称和用途都做了说明。

孔子走到右边的石阶前，看见一个制作大小与真人相同的金人，口上粘着三道封锁，背上刻着很长的铭文。孔子将铭文从头至尾详读了一遍，对南宫适说："今天见了这三缄其口的金人，才知道做人不要多言，多言必败；不要多事，多事多烦恼。"说完又随着老子退出。

时已午后，老子相邀回家并盛情款待。进餐完毕大家又谈到礼仪上来了。孔子说："丘对于各种礼制，因为没有名师指导，不能贯通，敢请先生明示！"

老子说："国家的礼正，治国就有了准绳。夏禹、商汤，周文王、周武王、周成王和周公，都是凭着正直的礼制在位，所以治国之道就兴盛；而周幽王、周厉王不凭正直的礼制在位，所以他们招致祸殃。由此就可以看出，礼制关系到国家的治理兴衰，因此不可等闲视之。要知道古代圣王是凭着天道来治理人情的，为了用敬奉鬼来教化百姓，便制定了郊社、馈奠、射飨等礼制。"

孔子听到这里插言问道："曾经听到郯子说，居家有礼则长幼分，闺门有礼则三族和，朝廷有礼则官爵尊，田猎有礼则戎事闲，军旅有礼则武功成。如果这五者都无礼，其后果又是怎样呢？”

老子回答说：“这五者如果失去礼的约束，就好像瞎子行路，失去了搀扶的人，又好像夜晚一个人坐在漆黑的室内，眼睛什么都看不见，手足没地方放，进退都很难。一旦失礼，就会居家长幼不分，闺门亲族不和，官爵失去次序，政事无法施行，动静失宜，其遗祸就真地不可收拾啊！”

大家都很高兴，兴致亦浓，不觉天近黄昏。南宫适提议明天再学习，孔子等告别老子回到馆舍。

在周国待了数天，孔子向老子辞行。老子送孔子到当时的宾馆之外，就说：“我没有什么好送你的，就送你几句话吧，不要讥人之非，扬人之恶，不要自以为了不起。”老子的意思是礼待他人，礼待天下。

孔子顿首道：“弟子一定谨记在心！”

到了黄河的岸边，看见河水滔滔，浊浪翻滚，势如万马奔腾，声如虎吼雷鸣。孔子伫立岸边，不觉叹道：“一去不复返的时光就像这河水一样啊！日夜不停。黄河之水奔腾不息，人之年华流逝不止，河水不知何处去，人生不知何处归？”

老子闻孔子此语，说道：“人生天地之间，是与天地一体。天地是自然之物，人生也是自然之物。人有幼、少、壮、老之变化，犹如天地有春、夏、秋、冬之交替，有什么值得悲叹的呢？生于自然，死于自然，任其自然，则本性不乱；不任自然，功名存于心，则焦虑之情生；利欲留于心，则烦恼之情增。”

孔子解释道：“我是忧虑大道不行，仁义不施，战乱不止，国乱不治，人生短暂，不能有功于世，不能有为于民，所以才有感叹啊！”

老子说：“人之所以生，之所以无，之所以荣，之所以辱，皆有自然之理、自然之道。顺自然之理而趋，遵自然之道而行，国则自治，人则自正。”

稍停片刻，老子手指浩浩黄河，对孔子说：“你何不学这水之大德呢？”

孔子说："水有何德？"

老子说："人的最高境界的善行就像水的品性一样，泽被万物而不争名利。世界上最柔的东西莫过于水。水随方就圆，随遇而安，这就是它的柔德。人要如水，不能太硬，硬如利器伤人，不易化物。柔则处处感德，再无众恶的喧闹了。"

孔子闻言，恍然大悟道："先生此言，使我顿开茅塞：众人处上，水独处下；众人处易，水独处险；众人处洁，水独处秽。所处尽人之所恶，又有谁能与之相争呢？这就是您所说的'上善'。"

老子大加赞赏，点头说："汝可教也！你要切记：与世无争，则天下无人能与之争，这就是效法水德。"

老子的水德其实涵盖了谦德，即谦虚之礼。老子的观点是人要表现柔弱，不要刚强；人要表现愚鲁，不要聪明；应该无为、无和、为欲、清虚、自然等。总之，刚强的就容易折断，柔弱的能够保全。

孔子说："先生之言，出自肺腑而入弟子之心脾，弟子受益匪浅，终生难忘。弟子将遵奉不怠，以谢先生之恩。"说完，依依不舍地告别老子，与南宫敬叔上车，驶向归程。

回到鲁国，众弟子问道："先生此去拜访老子，您见到了吗？"

孔子说："见到了！"

弟子问："老子是什么样？"

孔子说："鸟，我知道它能飞；鱼，我知道它能游；兽，我知道它能跑。会跑的可以织网捕获它，会游的可制成丝线去钓它，会飞的可以用箭去射它。至于龙，我就不知道该怎么办了，它是驾着风而飞腾升天的。我今天见到的老子，大概就是龙吧。他是我的老师啊！"

孔子从老子那里大彻大悟，返回鲁国后，从此更加身体力行，遵行周礼，宣扬周礼。他的学识更加渊博了，来投门下的学生也越来越多了。

孔子行动遵循礼仪

孔子数次到太庙学习周礼，也几次跟老子学礼学道，认为周礼是最能拯救世人的制度。于是，他在自己的实践活动中，处处遵循周礼，力图把自己打造成一个人格完善的人。

孔子曾教导自己的儿子孔鲤要好好学礼。有一天，孔子看见儿子孔鲤从院子里走过，就问他：“你学过礼仪了吗？”

孔鲤回答说现在还没有学呢！

孔子就说道：“如果不学好礼仪，在社会上就无法立足。”

孔子的这句话，可以看作是他所理解的“礼”的根本。他认为，只有广泛地学习文献知识，又用礼来约束自己，就不至于离经叛道了。

他曾经说道：

> 诗歌让我振奋，礼法使我立身，音乐陶冶使我修身养性，成就高尚人格。

孔子是这样说的，也是这样做的。在《论语》、《吕氏春秋》等先秦史籍里，记述了许多有关孔子依照礼行事的细节。

据《论语》记载，国君赐给熟食，孔子一定摆正座席，先品尝；国君赐给生肉，一定要煮熟敬奉祖先；国君赐给活物，一定豢养着；陪国君进食，国君饭前祭祀神灵，孔子先替国君品尝。

《吕氏春秋·孝行览》记载，周文王很喜欢吃菖蒲腌的菜，成了一种嗜好。孔子听说周文王有个这样的嗜好也就吃它。尽管它的味道不好吃，以至于孔子在吃时连鼻梁都缩起来。这样坚持了3年，后来终于习惯了。

其实，吃饭对于孔子而言，意义绝不仅仅是单纯吃饭。吃饭成为他维护礼法的工作现场。为了弘扬礼法，纠正种种不合礼法的行为，孔子利用吃饭做了许多工作。吃饭成了他对学生进行教育的课堂。

《吕氏春秋·审分览》记载，在孔子周游列国困于陈蔡之间的日子里，有一天孔子昼寝，颜回去讨米，讨回来后煮饭。饭快要熟，孔子远远地看见颜回用手抓锅里的饭吃，就装作没看见。不久，饭熟了，颜回请老师吃饭。孔子说："刚才梦见我的父亲，我要用饭来祭祀他。"

颜回说："不行啊！刚才房上有灰尘掉进锅里面，那些米我舍不得扔掉被我吃过了。这饭不能再用来祭祀了。"

原来如此！孔子不得不为他的诚实所感动。当时礼法规定，用来祭祀的饭菜，所有人都不能先动一筷子，必须等到祭祀结束人才能吃。

孔子说要进行祭祀，不过是想考验一下颜回是否能坦率承认自己已经吃过了锅里的饭。如果颜回说"您要祭，我就给您把饭盛来让您祭祀"，那么，孔子就会把颜回当作反面教材。

但是，颜回很诚实地说明自己吃过了，并且说明了自己为什么吃的原因。因此，这堂课实际上使师生双方都受到一次深刻的教育。

《韩非子·外储说左下》记载，鲁哀公赏赐孔子吃桃子，事先把黍子发给他，让他用来擦桃子皮上的细毛。可是孔子却先把黍子吃下去了，然后再吃桃子。旁边的侍从看了都发笑。

鲁哀公不得不告诉他，说："黍不是用来吃的，而是用来擦桃子的。"

孔子回答说："我知道。可是黍是五谷之尊，祭祀的时候用它来做粢盛，桃子是瓜果中的下品，祭祀的时候根本轮不上。用五谷之尊来擦瓜果中的下品，上下错位，有损于义，我怎么能这样做呢？"

《礼记·玉藻》记载，孔子在季氏家里吃饭，既不行推辞之礼，也不按照次序吃，还没有吃肉就吃水泡饭。

当时礼法规定，客人在吃饭前必须先行推辞之礼，即首先起身表示推辞，然后才可以坐下吃饭；开始吃饭时，则应当首先吃肉块，然后依次顺序吃其他食物，直至吃饱。吃饱之后，再行"飧礼"，即吃上三口水泡饭，表示用餐结束。孔子这样做，实际上是在用行动批评季氏进食失礼。

《论语·乡党》记载："疾，君视之。东首，加朝服，拖绅。"意思是说，孔子患了病，躺在床上，国君来探视他，他无法起身穿朝服，这似乎对国君不尊重，有违于礼，于是孔子就把朝服盖在身上。这件事反映出孔子即使在病榻上，也不会失礼于国君。

《论语·乡党》记载，孔子主张吃饭的时候不说话，睡觉的时候也不说话。虽然是吃粗米饭蔬菜汤，也一定先要祭一祭，一定要像斋戒时那样恭敬严肃。席子摆放不端正，不要坐。

在举行乡饮酒礼后，要等老年人先走出去，自己才出去。本乡的人们举行迎神赛会驱疫逐鬼仪式时，孔子总是穿着朝服站立在东面的台阶上。孔子托别人代为问候在其他诸侯国的朋友时，要躬身下拜，拜两次，送走所托的人。

孔子认为，“礼”是至高无上的，是神圣不可侵犯的，那么，日常行为必须依照礼的原则。这一方面是孔子个人修养的具体反映，一方面也是他向学生们传授知识和仁德时所身体力行的。

孔子不仅自己践行礼制，同时也提倡大家要学礼，并且把是否懂得礼仪作为选人用人的一个标准。他说道：

先学习礼乐，然后做官的，是庶民百姓；先当官，然后再学习礼乐的，是世袭的贵族子弟。要是我选用人，我主张选用先学习礼乐的人。

曾子是孔子的弟子，有一次他在孔子身边侍坐，孔子就问他：“以前的圣贤之王有至高无上的德行，精要奥妙的理论，用来教导天下之人，人们就能和睦相处，君王和臣下之间也没有不满，你知道它们是什么吗？”

曾子听了，明白老师孔子是要指点他最深刻的道理，于是立刻从坐着的席子上站起来，走到席子外面，恭恭敬敬地回答道：“我不够聪明，哪里能知道，还请老师把这些道理教给我。”

在这里，曾子从席子上站起来是一种非常礼貌的行为，当曾子听到老师要向他传授时，他站起身来，走到席子外向老师请教，是为了表示他对老师的尊重。曾子懂礼貌的故事被后人传诵，很多人都向他学习。

孔子不仅要求弟子尊礼，对一国之君的礼仪活动也有深刻的认识。比如当时的鲁定公曾经问孔子君臣之间相处如何做才好。

孔子回答说：“君使臣以礼，臣事君以忠。”意思是说，君主依照礼使用臣下，臣子尽忠侍奉君主。

孔子认为，居于上位的国君不能宽宏大量，礼仪活动不能恭敬严肃，参加丧礼不悲痛哀戚，这样的情形我哪里能看得下去呢？因此，礼是须臾不能离的。如果能够用礼仪谦让来治理国家的话，那还会有什么困难呢？要是不能够用礼仪谦让来治理国家，那礼又有什么意义呢？在上位的人依礼行事，老百姓就容易使唤了。

孔子认为，君王对礼的运用，以和合为可贵。先王治国之道的好处正是在这里。小事大事都按这个原则去做。但也有不能这样做的情况。只知道要均衡而一味地求和合，不依礼来节制，也是不可行的。

君王尊礼重礼的结果是使人的言行规范，社会和谐稳定。那么，不遵守礼的后果是什么呢？换言之，不重视礼的结果会怎么样？孔子用一段话给予了明确的阐述。

他说："恭敬而不循礼就会劳苦，谨慎而不循礼就会懦弱，勇敢而不循礼就会作乱，直率而不循礼就会尖刻伤人。因此，大家都要重视礼，依礼为人处世。"

总之，孔子时时处处以君子的标准要求自己，让自己的行不逾礼。这完全是一组关于人在社会中交流时所需的素质教育的课程。

孔子与弟子论礼

孔子不仅自己身体力行，强调"克己复礼"，随着学生越来越多，更在教学实践中，注重宣传礼的主张，将礼的各种知识教给弟子，使弟子大为受益。

有一天，孔子和弟子子张、子贡、子游谈论礼。孔子说："你们三人坐下吧，我给你们讲讲礼，使你们能够把礼周到地运用在任何地方，无所不至。"

子贡首先站起来离席，躬身作揖问孔子说："请问先生，礼应该是什么样的呢？"

子贡复姓端木，名赐，春秋末期卫国黎人，黎就是现在的河南鹤壁浚县。他是孔子的得意门生。是“孔门七十二贤”之一，“孔门十哲”之一。他利口巧辞，善于雄辩，而且办事通达。他还善于经商之道，曾经经商于曹、鲁两国之间，富致千金，为孔子弟子中的首富。

孔子说：“虔敬而不合乎礼，叫作土气；谦恭而不合乎礼，叫作巴结；勇敢而不合乎礼，叫作乖逆。”孔子又说，“巴结混淆了慈悲和仁爱。”

子贡说：“请问怎么做才能做到合乎礼呢？”

孔子说：“礼吗？礼，就是用来节制行为使之适中的。”

子贡退下来，子游上前说：“请问，所谓礼是不是为了治理恶劣习性而保全良好品行的呢？”

子游姓言，名偃，字子游，春秋末期吴国人，与子夏、子张齐名，孔子的著名弟子，“孔门十哲”之一。子游身通受业为孔门高弟，其儒学思想曾为历代人们所推崇。

孔子说：“是的。”

子游问：“那该怎么做呢？”

孔子说："祭天祭地之礼，是用以致仁爱于鬼神的；秋尝夏禘之礼，是用以致仁爱于祖先的；馈食祭奠之礼，是用以致仁爱于死者的；乡射礼、饮酒礼，是用以致仁爱于乡亲邻里的；宴会饮酒的礼仪，是用以致仁爱于宾客的。明白了祭天祭地的礼仪，秋尝夏禘的礼仪，那么治理国家就像在指着自己的手掌给别人看那样容易。"

孔子进一步阐释尊礼的作用，他说："用这些礼仪，居家处事有礼，长幼就分辨清楚了；家族内部有礼，一家三代就和睦了；在朝廷上有礼，官职爵位就井然有序了；田猎时有礼，军事演习就熟练了；军队里有礼，就能建立战功了。

"因为有了礼，宫室得以有了制度，祭器有了样式，各种器物符合时节，音乐符合节拍，车辆有了定式，鬼神得到了该有的祭享，丧葬有了适度的悲哀，辩说得以拥有支持的人，百官得以恪守其职分，政事得以顺利施行。加在每人身上的，摆在面前的，人们的种种行为举动都能够适宜得当。"

子游退下去后，子张上前就问道："请问什么是礼呢？"

子张即颛孙师，孔门弟子之一。春秋末期陈国阳城人，即现在的河南登封。出身微贱，而且犯过罪行，经孔子教育成为"显士"。孔子去世后，独立招收弟子，宣扬儒家学说，是"子张之儒"的创始人。子张之儒列儒家八派之首。

孔子说："所谓礼，就是对事物的治理。君子有什么事务，必有相应的治理手段。治理国家假如没有礼，就好像盲人没有扶助的人，茫然不知该往哪走。又如整夜在暗室中找东西，没有烛光怎么能看得见呢？所以说没有礼就会手足无措，耳目也不知该听什么该看什么，进退、作揖、谦让都失去了尺度。"

孔子进一步阐释失礼的害处，他说："如果失去了礼，居家处事就会长幼无别，家族之内祖孙三辈就失去了和睦；朝廷上官爵就失去了秩序，田猎练武就失去了策略，军队攻守就失去了控制，宫室建造就失去了制度，祭器就失去了式样，各种事物就失去了合适的时间，音乐就失去了节制，车辆就失去了定式，鬼神就失去了祭享，丧事就失去了合度的哀伤，辩说就失去了支持的人，百官就会失职，政事就不能施行。凡加在每个人身上的，摆在面前的，人们的种种行为举动都失其所宜。这样，就无法协调民众一致行动了。"

孔子告诫弟子们说："仔细听着，你们3人！我告诉你们，礼还有9件事，其中4件是大飨礼所特有的。如果知道了这些，哪怕是个种田人，只要依礼而行，他也是圣人了。"

孔子解释说："两位国君相见，互相作揖谦让后进入大门，入门后钟鼓等乐器齐奏，两人又互相作揖谦让后登上大堂，登上大堂之后乐声就停止了。这时在堂下又用管乐奏起《象》的乐曲，接着执籥的人又跳起《大夏》之舞和各种舞蹈。摆设笾豆与牲俎，按序安排礼乐，备齐各种执事人员。这样，来访的国君就感受到了主人的盛情厚意。

"在这里，人们来往走动都符合规定，周旋时步子都合乎规矩，车子的铃声也合着《采荠》乐曲的节拍。客人出去时，堂下奏起《雍》的乐章；撤去席上食具时，奏起《振羽》的乐章。所以，君子的行动没有一件事不在礼节之中。"

"客人进门时钟声响起，是表示欢迎之情；登堂时演奏《清庙》诗章，表示赞美其功德；堂下吹奏《象》的舞曲，表示崇敬祖先的功业。所以，古代的大人君子相见，不必互相说话，只凭礼乐就可以传达情意了。"

孔子总结说："礼，就是理；乐，就是节。没有道理的事不做，没有节制的事不为。"

孔子进一步强调说，"如果不懂得赋《诗》言志，礼节上就会出差错；如果不能用音乐来配合，礼节就显得单调枯燥；道德浅薄，礼就会显得虚假。"

这时，子贡站起来问道："照先生这么说，夔对礼精通吗？"

孔子说："夔不是帝尧、帝舜时乐官吗？他是上古时代的人啊！精通礼而不精通乐，叫作质朴；精通乐而不精通礼，叫作偏颇。夔大概只精通乐而不精通礼，所传下精通音乐的名声。古代的人，各项制度都存在于礼中，制度也靠礼来修饰，实行起来大概还是靠人吧！"

3个弟子听了孔子这番话，眼前豁然一亮，好像拨开了天空迷雾，见到朗朗乾坤，心中无比喜悦。

孔子以"复礼"为旨归，创立了儒家学派，建构了以礼为底蕴的儒学体系。

春秋时期，礼崩乐坏，社会混乱。孔子与弟子所论之"礼"，对于人们在当时的社会现实面前，如何规范自己言行，具有4个方面的功用，这就是在道德修养方面的功用，在社会交往方面的功用，在治理人民、处理国家大事方面的功用，还体现为"孝悌"方面的功用。

在道德修养方面，孔子认为，一个人要真正成为有学问、有道德修养的人，学习和运用"礼"是一个根本条件。没有"礼"则在社会上无法立足，也不能适应社会环境。有学问的人若只在学习上下功夫，而不在礼仪方面加强自身修养，同样不能达到完美的人生境界。

"礼"不仅是自立的基础，在通往理想人格的道路上，"克己复礼为仁。一日克己复礼，天下归仁焉。"通过"克己"而回归到"礼"所规定的范围中去，这是个人道德修养时所应该首先做到的，只有在这些"礼"的方面取得了独立，才能在更高层次上体现"仁"的境界，个体人格的塑造与升华才能取得理想的效果。

在社会交往方面，孔子强调人们应该以"礼"来对待他人。以恭敬的态度施行"礼"，营造一种宽松的社会人文环境，这样才能达到共同进步、共同发展的目的。

孔子认为“礼”作为社会交往的原则十分重要，他说：“礼之用，和为贵。”这里的“和”是和谐之意，中和人与人之间不和谐的地方，使人们能够和睦相处，均衡发展。

孔子主张通过“己立立人，己达达人”；“己所不欲，勿施于人”来调适自我与他人、社会的关系。“礼”的精神是调整和规范人与人之间的矛盾分歧，加强外在约束，使社会生活能够有序地进行。这种以“和为贵”的准则，正是孔子所梦寐以求的。

在治理人民、处理国家大事方面，礼同样具有重大意义。自周公创设“周礼”以来，“礼”的主要目的之一便是为社会和谐稳定服务。孔子继承了这一思想，认为以“礼”来教化引导民众是最有效的方式之一。

孔子认为，用刑法等法治手段来惩罚不道德的人或事，人们虽犯法而受到惩罚，可心里却没有悔改之意；但是，如果施行德政，通过有仁德的政治措施或政绩，以“礼”的精神来教化引导民众，那么，人人都不敢做坏事、错事，心里时时有畏惧之感，要是这样，社会也就可以达到稳定了。

孔子认为法治并不能完全消除人们心理上思想上道德上的邪恶，而礼治却能以柔和缓进，以理服人的方式使人们懂得何者当为，何者不当为，道德的力量促使他们走上正道而耻于做坏事。这种精神在孔子思想中是占主导地位的。

孔子还认为，“天下有道，则礼乐征伐自天子出。天下无道，则礼乐征伐自诸侯出”，这一论述表明“礼乐”是管理国家工具的体现，也表明了孔子对“礼乐”在政治生活中作用的重视程度。可见“礼乐”在孔子心目中已经成为君主权威的象征。

在孔子看来，以“礼”治天下还体现为“孝悌”原则。孔子认为，“礼”的精神渗透在社会生活的各个方面，在这之中，孝敬父母，兄弟友善，是一个人道德修为的重要部分，也是一个人的起码要求。

孝顺父母，这是为人子女的本分，孝顺是报答父母养育之恩。往大了说，可以是对国家尽忠，这也是大“孝”。悌敬是兄弟姊妹之间相互友爱，相互帮助。扩而充之，对待朋友也要有兄弟姊妹之情，这样人和人之间才能消除矛盾，相互谦让。孝悌之礼已经成为中华民族的优秀传统。

作为孔子思想体系的重要组成部分，孔子之礼是在继承周礼价值精髓的基础上形成的，同时对周礼进行革新，进一步扩大了礼的价值内涵、社会功用和普及范围，最终使礼成为与仁相承互用的封建伦理道德的核心价值观念。

荀子践行礼学思想

孔子强调“克己复礼”，用“仁”的学说改造了周礼，奠定了儒家的礼学思想。荀子承继孔子，深入地探讨了礼的起源，从多方面完善了孔子礼学思想，丰富和发展了孔子的儒家礼学。如果说孔子是儒家礼学的奠基者，那么，荀子则是使儒家礼学理论更加系统化、完善化。

荀子从小就非常聪明，10岁已有神童美誉，学问很好。长大后曾北游燕国，但是很可惜，没被燕王赏识。到他50岁时，由于齐襄王招纳贤士，许多学者都前往齐国讲学，加上齐国以藏书丰富出名，所以荀子也被吸引前往齐国。

荀子注重“礼”，认为礼是“人之为人”的根本，是人脱离、超越自然状态的标志，同时，礼也是自然秩序的体现。同时，先王制定礼义，既适当满足人的欲望，又把它限制在一定的范围内。因此他在齐国的几年里，就为齐国的存亡提出过许多关于以礼治国的谏言。

那是在齐襄王的父亲齐闵王时。荀子看到齐闵王虽以“好士”自居，却不听学士的谏言，热心于对外扩张。南攻楚国，西困秦国，北战燕国，使得民憔悴，士兵疲。于是，就向齐国的丞相田文诚恳地提出批评。

荀子指出，齐王不崇尚礼义，不讲求忠诚信用，方圆数百里的国家，还要用欺诈、侵犯去争夺土地，图谋有商汤和周武王的功名，而不知自己处在楚国、赵国、燕国、魏国的威胁之中。如果有一国来进攻齐国，其余三国必定乘机兴兵。如果这样，那么齐国就必然四分五裂，被天下人耻笑。

荀子的忠告未被齐闵王所采纳。荀子离开齐国到楚国去了。不久，齐国的前途不幸被荀子所言中。公元前 284 年，燕上将军乐毅率燕、赵、韩、魏、秦五国之兵，攻下齐国 70 余城。齐国都城临淄陷落，齐闵王逃亡到莒地，被楚将淖齿所杀。公元前 283 年，齐襄王即位，齐将田单率兵击败乐毅，才使齐国得以复国。

荀子的这段未被采纳的谏言，在齐国王室中被认为是很深刻的教训，他们悔不当初。同时，也从内心对荀子佩服得五体投地，奉之若圣人。齐襄王尊荀子“最为老师”，表示对荀子最为敬佩。

齐襄王之后，齐王建即位，荀子被封为大夫，当了齐国顾问。还被众人推选为稷下学宫的祭酒，负责飨宴时酹酒祭神。祭酒之职正和荀子对于“礼”的认识。因此，他在任祭酒之初，更注重对礼仪的把握。

这一天，齐王身穿上朝礼服，容光焕发，在宫人的簇拥下，乘着御用八鸾豪华轻车出了禁宫，来到稷下学宫看望稷下先生们，并准备在稷下学宫设宴，祝贺荀子做了祭酒。

荀子此前得知齐王驾临，命稷下学宫的先生们站立在稷门大道两侧等候。见齐王的御车来了，荀子快步迎了过去，向刚从车上下来的齐王施礼道："荀况拜见大王陛下！"

这时，乐工已经按照荀子事先的安排吹竽鼓瑟，歌伎也随之舞姿翩翩，把个鲜花盛开的暖春季节，喧闹得更为温馨热烈。稷门外人声沸腾，是多少年来少有的热闹盛况。

在这隆重热烈的场面中，荀子随着齐王建走向学宫正厅，并谦逊地大声说道："荀况乃区区学子，怎敢劳动大王亲自前来！"

齐王建彬彬有礼地说："您如今已是大儒了。在列国中名望甚高，在稷下学宫很受众家学士的尊敬。先王在世就尊称您是'最为老师'。如今荀老夫子重归稷下并担任要职，实属我齐国之幸！"

荀子谦虚地说："荀况愧不敢当。"

按照齐王建的吩咐，祝贺荀子的喜筵设在学宫的大殿里。只见油漆得明亮照人的几案整齐地排在大殿两边，几案上丰盛的果品散发着清香，一盏盏高大明亮的银灯，照得整个大殿金碧辉煌。

来到学宫大殿，齐王建向荀子施了一礼，问道："荀老夫子，寡人年幼，初继先王基业，愿请问先生，如何才能做好一国之君呢？"

荀子答道："按照礼去行事，做到不偏不离。礼乃治国之准绳，强国之根本，成功之来源，功名之总纲。"

齐王建接着问："如何才能使礼义施于国中呢？"

荀子答道："先王制礼的根据，一是源于天地。天地是人类生存环境，人类依天地而生存绵延，所以人应尊奉天地。二是源于祖先。祖先乃血缘之始，有血缘才有人类绵延，所以人应尊奉祖先。三是天子。天子为政治教化之本源，社会的安宁，人民安居乐业，要靠君师之教育感化，所以人应尊奉天子。

“基于这3点，君王首先修养其身。君王好比树立木桩，臣民好比木桩的影子，木正则影正。君王若想称王于天下，成一统之大业，务必彰明礼义，任用贤能。礼义兴则国安宁，贤臣用则大业成。”

荀子的这段论述，把礼比作“正国”的权衡、绳墨、规矩。在荀子看来，礼和法在治理国家、维护社会秩序方面都是不可或缺的，两者相互配合才能使天下臻于治道。

齐王建心悦诚服，连连称好：“老夫子之言，言简意赅，使寡人茅塞顿开。寡人今日与老夫子相约，从今以后，每隔10日朕要问计一次，每次朕将登门求教。”

齐王建谦逊诚恳使荀子甚为感动。对这位年轻的国君增添了几分信赖和爱戴，他所希冀和寻觅的正是善纳良言，以礼治天下的国君。

齐王建让宫人将一双玉璧和千镒黄金抬到荀子面前，以表示祝贺荀子首讲成功。众学士一同站起身热烈鼓掌，欢喜散去。

荀子受到如此隆重的礼遇，甚为感动，决心尽自己的力量，将“礼”的精神在齐国贯彻。

荀子做祭酒时，稷下学宫曾经云集多人，许多著名先师都已经相继去世了，荀子成了最为年长的一个。齐王建的父亲齐襄王在世的时候，就尊荀子“最为老师”。齐王建自然要遵从先王遗训，对荀子更加宠信。

齐王建为荀子在稷下学宫安排了一处很幽雅的宅院，位在学宫深处，距离王宫最近，四周有灌木作为围墙，从王城脚下流过的溪水经宅院的门前，流入东边的学士湖中。荀子居住的卧室宽敞明亮，坐北向南，阳光充足。

由于荀子格外受到齐王的礼遇，当时有些气量狭小的人不免眼红，到处说荀子的坏话。齐王听信谗言后，渐渐和荀子疏远。荀子决定离开齐国。这时，他已是 81 岁的老翁了，不知往哪儿去，心情沉重万分。

荀子听说楚国春申君爱好贤士，决定到楚国去。春申君仰慕荀子美名，决定请他担任兰陵令。没想到运气坏得很，春申君有位门客进谗言，春申君考虑之下，终于辞退荀子。

荀子经过秦国，拜见了秦昭王。此时秦昭王正和范雎设计“远交近攻”的阴谋攻伐天下，对荀子讲的大道理提不起一点兴趣，荀子只好回到赵国。

荀子走后春申君很后悔，派人到赵国三四次请荀子。后来决定自己亲自去请。

为了不引起赵国人的敌视，不惊动更多的人，春申君脱去令尹的官服，改换成商人的模样。这时有人说：“令尹爷，为了一个老头子，值得你千里迢迢亲自去吗？”

春申君道：“无知枉言。而今七国争雄，弱肉强食，得贤士者得天下。我身为楚国令尹，为楚国为助大王成就霸业，决不可没有荀况。”

春申君乘坐一辆没什么装饰的高轮车，一路顺畅到了邯郸，来到荀子府邸。

庭院中荀子正在练剑，侍者走来，待荀子收了剑上前说：“禀荀老夫子，门外有一个人求见。”

说话间，春申君已经随着侍者进了大门。春申君望见荀子在庭院中，紧走几步，向荀子长揖施礼道：“荀老夫子！”

荀子一惊，随即立刻明白了是怎么回事，然后上前扶起，说道：“令尹，快起来，起来！你千里迢迢而来，已是感激不尽，我的家眷在楚国全靠你的照料，反让你在门外等了半日，该当荀况向你赔罪呀！”

寒暄过后，荀子和春申君一同进入客厅。坐定后，荀子问：“令尹，你为何这般装束呀！”

春申君诙谐地说："为了老夫子你呀！"

荀子不解地道："为我？"

春申君说："是呀！几年前我曾率领楚国之兵解救邯郸，也算是对赵国有功。如今我来到赵国，赵国的君臣定然会大礼相迎，设宴款待。不过，如果他们知道我要把你请回楚国去，岂不要视我为仇敌？因此我只得改扮作商人模样，无声无息悄悄来到邯郸城池。"

荀子对于春申君，为请他返回楚国，装扮作商人不远千里而来，甚为感动。

"荀老夫子，看在你我往日的情分，返回楚国去吧！"春申君近于乞求地说。

此刻，荀子不免想起了兰陵旧事。他不能不想，倘若重回楚国，会不会重蹈覆辙？会不会再生出些别的什么事端来？犹豫不决，难以回答。

春申君知道荀子依然对兰陵旧事心存愤慨，他恳切地说道："荀老夫子，往日之事，是我偏听不实之词，自问有愧，向老夫子赔罪！"说罢起身欲施礼跪拜，荀子忙阻拦。

春申君进一步申述道："荀老夫子，咱们是君子之交，赤诚相见。记得你曾讲过，信乃做人之德，信乃治国之术，信乃为政之本。人，不可无信。你此次回到楚国去，假如有哪里待你不周，你还可以离开楚国，再回赵国。或去齐国，去秦国，我绝不阻拦。"

春申君将话说到这种地步，荀子实难回绝。最后拗不过春申君的好意，荀子又回到楚国当兰陵令。

后来春申君去世了，荀子也 98 岁了，就辞了官，写了 32 篇文章，这就是传留后世的儒家名著《荀子》。

荀子是孔子、孟子以后的儒学大师，他继承孔子儒家以礼治国的思想，批判总结先秦诸子思想又多有融合，构筑了新的儒家礼学思想体系，他的性恶论、群分说、正名论都具有独创性和很高的理论价值。他的群分说、礼法观等是汉代以后一些封建王朝的指导思想。

总之，荀子的礼论继承和发展了孔子礼学，奠定了中华文化的主体结构，构成了中华民族特有的文化模式。

2000多年来，礼学作为儒学的核心内容，一直被孔子之后的儒家学者所尊崇和发展。孟子、荀子、两汉经学、宋明理学，以及当代新儒学，均对孔子的礼学思想进行了阐释、批判以及发挥和改造。这些学说丰富和发展了儒学体系，也为现代人讲究文明礼貌，尊礼守礼提供了一个广阔的天地。

里仁为美

子曰："居上不宽，为礼不敬，临丧不哀，吾何以观之哉？"

子曰："里[①]仁[②]为美。择不处[③]仁，焉得知[④]？"

子曰："不仁者，不可以久处约[⑤]，不可以长处乐。仁者安[⑥]仁，知者利[⑦]仁。"

【注释】

①里：居住。

②仁：仁德。

③处：住处。

④知：同"智"。

⑤约：本义为绳索，这里是形容词：穷困、贫困。

⑥安：这里做动词，安于、习惯于。

⑦利：使有利、有利于。

【解释】

孔子说："居于执政地位的人，不能宽厚待人，行礼的时候不严肃，参加丧礼时也不悲哀，这种情况我怎么能看得下去呢？"

孔子说："跟有仁德的人住在一起，才是好的。如果你选择的住处，不是跟有仁德的人在一起，怎么能说你是明智的呢？"

孔子说：“没有仁德的人不能长久地处在贫困中，也不能长久地处在安乐中。有仁德的人是安于仁道的，有智慧的人则是知道仁对自己有利才去行仁的。”

孔子认为，没有仁德的人不可能长久地处在贫困或安乐之中，否则，他们就会为非作乱或者骄奢淫逸，只有仁者安于仁，智者也会行仁。

【故事】

汉代礼学体系形成

经过西周时期近800年的理论探索和社会实践，至汉代，经过了西汉时期叔孙通制礼、高堂生传习《仪礼》、戴胜著述《礼记》，以及东汉时期经学家郑玄注“三礼”，古代礼学形成了比较成熟的理论体系。

叔孙通是西汉初期儒家学者。汉高祖刘邦刚做皇帝时，就把制定宫廷礼仪的工作，交给了叔孙通。叔孙通向汉高祖建议，应该制定出符合大汉特色的礼仪来。在汉高祖的首肯下，叔孙通回到鲁地，召集当地有学问，有名望的儒生30多人，来做他的顾问和助手。

当时有些儒生对叔孙通的行动态度持不同意见。当叔孙通在山东征召儒生为汉高祖制礼作乐时，有两位儒生不愿同行，指责叔孙通在天下初定时便制礼作乐，行为不合古义。

叔孙通取笑他们不通世务，他说：“你们眼光太短浅了，不能认清历史形势！”

回到长安后，叔孙通带着30多位儒生，和他的100多位学生，在郊外开始了朝仪的演练。因为是在朝廷正式的场合使用这种礼节，所以简称为

"朝仪"。

公元前200年，长乐宫落成，汉高祖首次使用叔孙通制定的宫廷礼仪进行新年朝会。

司马迁在《史记》中记载了这次朝会：天亮时，由谒者掌礼，来访者依次进入殿门。宫中设有车骑、步卒守卫，以及兵器、旗帜等。殿上传言起驾，殿下郎中跟随皇帝，数百人入殿。功臣、列侯、将军及其他军官在西列队，向东而立；文官自丞相以下在东列队，向西而立。

接待宾客的官吏大行依爵位高低宣示来宾上殿。于是皇帝乘辇出房，百官手执帜而传警，引诸侯王以下至领600石薪金的吏员依次奉贺。这时，自诸侯王以下，人人无不肃然起敬。

礼成后开始酒会，宫内侍从坐在殿上，全部伏下，以来宾尊卑依次敬酒。九觞酒后，谒者宣布罢酒。御史在场内执法，见到不依礼仪的人便立刻把他带走。整个酒会过程中都没有人敢喧哗失礼。

叔孙通制定的汉王朝的典礼制度实施之后，汉高祖非常高兴，认为自己终于知道做皇帝的尊贵之处。于是委任叔孙通为太常，并赏赐黄金250千克。随叔孙通入京的儒生获汉高祖封为郎，叔孙通把赏赐所得全数分赠随行的儒生。

叔孙通的另一个贡献就是劝汉高祖不要费长立

幼。公元前 195 年，汉高祖打算让赵王刘如意代替太子。后经叔孙通进谏规劝，汉高祖再没有更换太子的想法了。

从当时的政治生态看，如果改立太子，刘如意在朝廷中根本没有自己的根基。儒家历来提倡“穷则独善其身”，可是更讲究“进而兼济天下”。叔孙通不仅仅是“独善其身”，而且是兼济天下之人。

后来，汉代的儒生都称赞叔孙通是个圣人。司马迁则在《史记》中称赞叔孙通为“汉家儒宗”。

高堂生也是西汉初期儒家学者，他所传习的《仪礼》，在“三礼”中成书最早，而且首先取得经的地位，是礼的本经。

公元前 136 年，汉武帝初置五经博士，《仪礼》即居其一。据《史记》记载，西汉初最早传授《仪礼》的是高堂生。《汉书·儒林传》记载：“汉兴……诸学多言礼，而高堂生最本。”

一般认为，高堂生把《仪礼》传给萧奋，萧奋传给孟卿，孟卿传给后苍，后苍传给戴德、戴圣、庆普，这就是汉代的礼学的所谓“五传弟子”。

关于《仪礼》一书的作者及其年代，自古以来就存在分歧。古文经学家认为是周公所作，今文经学家认为是孔子所作。孔子慨叹周室衰微，礼崩乐坏，一般认为以孔子作《仪礼》说比较合理。

《仪礼》作为一部上古的经典，具有很高的学术价值。此书涉及面广，从冠婚飨射到朝聘丧葬，无所不备，犹如一幅古代社会生活的长卷，是研究古代社会生活的重要史料之一。书中记载的古代宫室、车旗、服饰、饮食、丧葬之制，以及各种礼乐器的形制、组合方式等尤其详尽，考古学家在研究上古遗址及出土器物时，每每要质正于《仪礼》。

《仪礼》是儒家安邦治国的经典之一，对我国文化影响非常深远。从唐代的开元礼至宋代的《政和五礼新仪》《大明集礼》，乃至《大清会典》，皇室主要成员的冠礼、婚礼、丧礼、祭礼，以及聘礼、觐礼等，都是以《仪礼》

作为蓝本，加以损益而成的。

《礼记》是古代一部重要的典章制度书籍，儒家经典之一。该书编定是西汉礼学家戴德和他的侄子戴圣。戴德选编的85篇本叫《大戴礼记》，在后来的流传过程中若断若续，至唐代只剩下了39篇；戴圣选编的49篇本叫《小戴礼记》，即我们今天见到的《礼记》。这两种书各有侧重和取舍，各有特色。

《礼记》的内容主要是记载和论述先秦的礼制、礼仪，解释仪礼，记录孔子和弟子等的问答，记述修身做人的准则。内容涉及政治、法律、道德、哲学、历史、祭祀、文艺、日常生活、历法、地理等诸多方面，几乎包罗万象，集中体现了先秦时期儒家的政治、哲学和伦理思想，是研究先秦时期社会的重要资料。

《礼记》不仅是一部描写规章制度的书，也是一部关于仁义道德的教科书。其中最有名篇章，有《大学》《中庸》《礼运》等。

《礼记》与《仪礼》《周礼》合称“三礼”，对我国文化产生过深远的影响，各个时代的人都从中寻找思想资源。因而，历代为《礼记》作注释的书很多。

自汉武帝“罢黜百家，独尊儒术”，立五经博士以倡经学之后，在政治和学术上都可以说是进入到了一个经学化的时代。两汉经学的发展在历经了长久的积累之后，至东汉末年出现了一位集大成式的人物，他就是郑玄。

由于建立各种礼仪制度的实际需要，在两汉经学之中，礼学的发展可以说是首当其冲的。从某种意义上来说，两汉官方经学的整合在很大程度上就是以礼学为基础的礼仪制度的整合，而两汉礼学的传承和发展的集大成的结果，又是以郑玄《三礼注》的出现为标志的。

郑玄通过以经解经、以史解经，以百家之说解经，为《周礼》《仪礼》和《礼记》作注，在仪规之礼、制度之礼和观念之礼方面进行了诠释和解说。

流传至今的郑玄的《三礼注》，是郑学中最具代表性的传世经注，既贴近于本经，又可以满足后世对经典的认识和理解。对我国后世政治制度、社会思想、文化传统、伦理观念影响很大。

总之，经过汉代儒生的努力，汉代礼学已成体系，不仅帮助了当时人们对礼仪的理解，指导了人们如何以谦和之礼为人处世，同时，儒学之礼的立言立行之德，更是影响后世。

刘邦以礼相待郦食其

汉代礼学之所以大有建树，与汉高祖刘邦有一定关系。事实上，刘邦的为人处世风格，对汉代礼仪文化建设产生了很大影响。

刘邦出身农民家庭，年轻时游手好闲，文化底子薄不可否认。但到了晚年，他反躬自省，“追思昔所行，多不是”，于是谆谆告诫儿子们好好读书。在这个思想转变的过程中，不但有叔孙通为刘邦制定宫廷礼仪，在实用层面上转变了他对儒学的看法，也有在此之前的秦代末期风云际会之时，“高阳酒徒”郦食其的一份功劳。

那是在秦代末年，刘邦和项羽兵分两路进军关中，楚怀王事先与他们约定，先进入咸阳者为关中王。刘邦率领大军直捣秦国国都的门户函谷关。他途经位于现在的河南杞县西边的高阳，准备消灭驻扎在那里的秦军。

当时高阳有一个名叫郦食其的人，60多岁，酒量惊人。他天生喜好读书，为人狂傲，放荡不羁，家境贫寒，不得已在县中谋了一个低贱的门吏。县中很多人看不惯他，送他一个“狂生”的绰号。

以前项梁率兵经过，郦食其听说项梁他们喜好烦琐的礼节，而且又各怀私心，听不进气度恢宏的访谈，故而闭门拒见。这次他听说有雄才大略的刘邦经过，于是就让在刘邦帐下当骑兵的一个乡亲引见，想见刘邦，愿为他效劳。

刘邦问来人什么样？卫兵通报，来人身穿长衫，头戴冠帽，像个读书人。

刘邦一听是个读书人，就告诉卫兵说："你去回绝他，就说我正在忙于天下大事，没时间见儒生。"

郦食其听了，双目圆睁，手按剑柄，大声吼道："你回去告诉沛公，我不是儒生，我乃高阳酒徒。"

郦食其声如炸雷，卫兵一惊，手中的兵器都吓掉了，忙回去告诉刘邦："此人是天下的壮士，他大声一吼，把我手中的兵器都吓掉了。"

刘邦听了，就让郦食其进来。

郦食其进到屋里，看见刘邦正坐在床边，让两个女子给他洗脚。郦食其见状，故意慢慢腾腾地走到刘邦面前，只是作揖，并不下拜。

刘邦看见来人是个60多岁的儒生，心里很失望，仍旧坐在床边纹丝不动，好像根本没看见有人给他作揖。

郦食其看到刘邦这样傲慢无礼很生气，高声问道："足下带兵到此，不知是帮助秦国攻打起事的诸侯呢？还是帮助各诸侯讨伐暴秦？"

刘邦听他说话这样随便，明知故问，也不下拜，举止故作斯文，于是大动肝火，喝道："你真是一个不识时务的书呆子！天下人谁没有尝过暴秦的苦头？天下的豪杰都讨伐秦，我怎么会去助秦？"

郦食其不紧不慢地说："足下如果真心讨伐暴秦，为什么见到年长的人这样无礼？你想一想，行军打仗不能蛮干，要有好的谋略，如果您对待贤人这样傲慢，那么谁还为您献计献策呢？"

刘邦听了郦食其说话的口气，心中不免一惊，忙擦干双脚，理正衣襟，请郦食其就上座。接下来两人攀谈起来。

郦食其滔滔不绝地畅言六国合纵连横的历史，他说："从前，商汤伐夏桀，封夏的后人于杞国；周武王伐商纣，封商的后人于宋国。如今秦做出的最丧德事，就是灭了诸侯国家，让六国的后人无立锥之地。你要以恢复六国为政治纲领，授六国的后人以王印，天下人都会对你感恩戴德。你德行天下，自然就称霸了，连项羽也会乖乖地来朝拜你。"

刘邦一听大喜，马上让人端上饮食。然后，恭恭敬敬地说："消灭秦军有何良策呢？请先生多多指教。"

郦食其见刘邦改变了态度，虚心求教，便对他说："足下的兵马还不到1万人，就打算长驱攻入秦国的国都，这好比是驱赶着羊群扑向老虎，只能白白送命。依我看不如先去攻打陈留。陈留是个战略要地，城中积存的粮食很多，作为军粮足够用，而且交通四通八达。"

这样，郦食其向刘邦献出了一条妙计。刘邦非常高兴，请郦食其先行到陈留，然后选派一员大将领一部分精兵赶到。

郦食其来到陈留，见到县令后就劝他投降，县令不肯。郦食其在酒宴上把县令灌醉了，然后偷出县衙令箭，假传县令的命令，骗开城门，把刘邦的军队放进去。

第二天，刘邦的大队人马进入陈留。由于郦食其事先早已为刘邦写好了安民告示，刘邦一进城，就受到百姓的欢迎。

刘邦看到陈留果然贮有大量的粮食，十分佩服郦食其的神机妙算，于是，封他为广野君。刘邦在陈留招兵买马，军队扩大了将近一倍。并且从此更加礼待郦食其。

公元前204年楚汉相争时，郦食其又建议刘邦说："楚汉相争久持不下，这样百姓骚动，海内动荡，人心不安。希望你急速进兵，收取荥阳，有了粮食，并且占据了险要地方，天下就归属于你了。"并说自己愿意去说服兵众将广、割据一方的齐王田横。

"高阳酒徒"郦食其的这一建议，成为刘邦夺取天下的战略思想。郦食其到了齐地，向齐王田横晓以利害，齐王欣然同意。罢兵守城，天天和郦食其纵酒谈心。这时，由于韩信乘机攻齐，为田横所误解，认为这是郦食其出卖了他，遂将郦食其烹杀。

在临刑前，田氏宗族田广对郦食其说："你要是能阻止汉军，我就放了你。"

郦食其说："举行大事，就不要顾及细小的事，大的德行我不会推辞，你也不必多说了。"说罢慷慨就义。

刘邦礼待郦食其，终于得到一名忠臣。后世的人们只要一提起"高阳酒徒"，不仅会想到刘邦以礼待人的做法，更会想到郦食其为刘邦建立汉王朝所立下的汗马功劳。

张良大礼跪拜黄石公

汉代对礼仪的重视在张良身上得到了充分体现，而且是通过他的传奇经历来体现的。

张良，又叫张子房，是西汉高祖刘邦的军师，他的祖先是韩国人。在秦灭韩后，张良立志为韩国报仇。有一次，因刺杀秦始皇未遂，受到追捕而避居到下邳。也许是正因为他行刺失败后逃到了下邳，才有了黄石公授书的传奇经历。

原来，秦始皇在灭了六国统一中原以后，经常到各地方去视察。公元前218年的春天，他带着大队人马到了博浪沙，就是现在的河南原阳县城东郊。

车队正在拐弯的时候，突然“哗啦啦”一声响，不知道打哪儿飞来个大铁锥，把前面的一辆副车砸得粉碎。秦始皇不在副车上，铁锥打碎了副车的车挡，有半截碎块崩到他的跟前，差点儿打着他。

车队一下子全停下来。武士们四面搜查，没费多大工夫就把那个刺客逮住了。

秦始皇命令，一定要手下的人把主使刺客的人查出来。主使的人当然是有的，可是那个刺客就是不说。刺客在说事先编好的话时不知不觉地露了口风，怕秦始皇的人追问下去，就自己撞死了。

从刺客的话语中，秦始皇推想那个主使刺客的人是从前韩国相国的儿子，就立刻下了命令，捉拿那个韩国的公子，尤其是韩国一带更要严加搜查。

这件事的主谋正是韩国公子，他听到风声很紧，就更名改姓叫张良，逃到了下邳。

张良的祖父、父亲都

做过韩国的相国。韩国被灭的时候，张良还年轻，他决心替韩国报仇，就变卖家产，推说到外边去求学，离开了家。其实他是到外边去找机会刺杀秦始皇。

时间不久，张良交上了一个大力士，情愿替他拼命。那个大力士使的兵器是一个大铁锥，足足有120斤重。秦汉时期的一斤，相当于现在的半斤。

他们到处探听秦始皇的行动。这会儿探听到秦始皇要到东边来，就在博浪沙埋伏着，给他一个突然袭击。哪知只打碎了一辆车，刺客也自杀了。

张良一直逃到下邳，躲了起来。他身上带着黄金，在这里结交了不少朋友，还想替韩国报仇。不到一年工夫，张良在下邳出了名。临近的人都知道他是个很有学问的读书人，可不知道他就是跟大力士在博浪沙行刺秦始皇的韩国公子。

这一天，张良闲来无事，就到下邳桥上去散步。但就是在这里，他碰到了一个改变他命运的老人。

老人穿着粗布短衣，见到一个年轻人，打量了半天，就走到他旁边。他故意把鞋子踢在桥下，然后回过头来冲着年轻人说："孩子，下桥去给我把鞋子拾上来。"

张良听了一愣，不知道他为什么这样指使自己，但一看他是个老人，就忍住气到桥下把鞋拾了上来。

那老人见年轻人很听话，就又命令似的说："把鞋子给我穿上！"

张良一想，既然已经给他拾来了鞋子，不如就给他穿上吧，于是就跪在地上给他穿鞋。

那老人依坐在桥栏边，悠闲地跷着二郎腿，把脚伸出来，让张良给他穿好后，笑嘻嘻地走了。

张良一直用惊奇的目光注视着老人的去向。那老人走了一段路，又折回身来，对他说："你这个孩子是能培养成才的。5天以后的早上，天一亮，就到这里来同我会面吧！"

张良想，一个老人约自己，那就不该不来的。于是，就跪下来诚恳地说："是。"

第五天天刚亮，张良到了下邳桥上。不料那老人已经等在那里了。老人见了张良，生气地说："和老人约会，怎么应该迟到？再过5天你再来吧！"说完转身离去。

张良觉得这的确是自己的错。5天后的早上，鸡一叫，张良就赶去了。可是到了那里，发现老人又等在那儿了。

老人见了张良，生气地说："你怎么又落在我后面了？过5天再来吧！"说完又走了。

又过了5天，这次，张良不到半夜就赶到桥上，等了好久，那老人来了。

老人一看挺高兴，就说："嗯，这样才对嘛！"说完拿出一本书来，指着说道，"你从今天起，认真研读这本书。过10年，天下形势有变，你就会发迹，能做帝王的老师了！以后13年，你就会在济北郡谷城山下看到一块黄石，那就是我了。"

老人说完，飘然而去。

张良怔怔地愣在那里，半天没回过神儿来。等到早上天亮时，他拿出那本书来一看，原来是《太公兵法》。他知道，这是辅佐周武王伐纣的姜太公的兵书！一时欣喜若狂，知道自己得到了世间宝物。

张良十分珍爱《太公兵法》，从此以后，每天反复地学习、研究，终于弄懂了其中排兵布阵的道理。

10年过去了，陈胜等人起兵反秦，张良也聚集了100多人响应。这时，沛县的刘邦率领几千人马，在下邳的西面攻占了一些地方。张良见刘邦势众，又是一个想干大事的有志之士，就归附于他，成为他的部属。

自从归附刘邦，张良就根据从《太公兵法》中学得的知识，经常向刘邦献计献策。每次刘邦都认为很好，常常采用他的计谋。

由于其计策多有成效，刘邦就任命他为军师。从此，张良宏图大展，运筹于帷幄之中，决胜于千里之外，成为一个杰出的军事家、政治家，与韩信、萧何一起，被称为“汉初三杰”，他们都是汉王朝的开国元勋。刘邦称帝后，封张良为留侯。

张良始终不忘那个给他《太公兵法》的老人。13年后，他随从刘邦经过济北时，果然在谷城山下看见了老人当初说的那块黄石，并把它取回，称之为“黄石公”，作为珍宝供奉起来，按时祭祀。

张良去世以后，他的家属把这块黄石和他葬在了一起，以示永久纪念。

张良得到了世上高人的指点，就是因为他充分地尊重老人，以大礼参拜，才赢得了老人的赏识，在其指引下终成大器，流芳千古。

明山宾忠厚讲信用

明山宾是南北朝时的人，他曾做过南北朝时梁朝的御史中丞这样的高官。他做官清正廉洁，为人忠厚耿直。在担任州官时，正碰上灾年，颗粒不收。他就把官仓的粮食拨出来救济老百姓，因为这件事而触怒了朝廷。朝廷以他耗费国库为罪名，把他的田园房舍都没收归官了。

明山宾虽然做了好多年的官，但生活一直很清苦。一次，他竟穷得不得不把自己驾车的牛卖掉来应付家庭生活开支。

这天，他站了好半天，好不容易把牛卖了。明山宾拿着卖牛的钱往家走。猛然，他想起一件事，便又急忙跑回了集市。

那人正向周围的人夸耀他买的牛如何便宜，猛然看见明山宾追来，以为他要来重新讲价钱，便抢先道：“咱们可是讲定了的，一手钱，一手货，这牛现在是我的了。”

明山宾喘息了一阵说："你误会了。我忘了告诉你一件事，这牛曾经患漏蹄症，虽然治好了，保不了以后不发病，这事我不能不告诉你。"

那人听了这番话，马上变了脸色，要和明山宾重新讲价钱。明山宾没有犹豫，按新讲定的价钱退还给那人很多钱。

周围的人见到这个情景便七嘴八舌议论开了。有的赞扬明山宾诚实，讲信用；有的说他太傻，不会做生意。明山宾毫不理会，拿着剩下的钱坦然地离开人群，回家了。

唯仁者能好人

子曰："唯仁者，能好①人，能恶②人。"

子曰："苟③志④于仁矣，无恶也。"

子曰："富与贵⑤，是人之所欲⑥也；不以其道得之，不处也。贫与贱，是人之所恶也；不以其道得之，不去也。君子去仁，恶乎成名？君子无终食之间违仁，造次必于是，颠沛必于是。"

【注释】

①好：喜爱的意思。

②恶：憎恶、讨厌。

③苟：如果。

④志：立定志向。

⑤富与贵：富，财富。贵，身份高贵。

⑥欲：欲望，盼望，想要。

【解释】

孔子说："只有那些有仁德的人，才能爱人和恨人。"

孔子说："如果立志于仁，就不会做坏事了。"

孔子说："发财和显贵是人们所盼望的，假如用不正当的手段去得到它，君子是不会接受的。穷困和低贱是人们所厌恶的，假如不是通过正当的途径抛弃它们，君子是不会抛弃的。君子离开了仁，怎么成就他的名声呢？君子即使是一顿饭的时间也不会违背仁德；仓促、匆忙的时候坚守仁德；颠沛流离的时候也会坚守仁德。”

【故事】

廉政思想的萌芽状态

古代廉政思想，是在先秦时期萌芽和兴起的。这一时期包括原始社会、夏、商、周、春秋和战国几个阶段。

在原始社会，由于生产力水平极端低下，人们只有依靠集体力量共同劳动才能维持生存，因而在氏族内部财产公有，平均分配，没有私有制、阶级和剥削，也无国家与法律，人们的社会地位平等。

正如《礼记·礼运》记载：

大道之行也，天下为公，选贤与能，讲信修睦。

意思是说：在大道施行的时候，天下是人们所共有的，把有贤德、有才能的人选出来给大家办事，人人讲求诚信，崇尚和睦。

原始社会晚期，氏族和部落首领没有什么特权和君主独尊的意识，相反的，“为民父母”的原始公仆意识倒是相当强烈的。这种公仆意识的产生，就是我国廉政思想的最初萌芽。

《孟子·梁惠王上》记载：“为民父母，行政，不免于率兽而食人，恶在其为民父母也！”意思是说：身为百姓的父母官，施行政事，假如等同于率领野兽来吃人，这又怎能算是百姓的父母！

氏族和部落首领不仅广泛地听取民众的意见，而且还以戒言或名言的形式去诲人律己。

轩辕黄帝在《诲颛顼》中写道：“爰有大圜在上，大矩在下，汝能法之，为民父母。”意思是说：有皇天在上，大地在下，你能够效法它们，可以做人民的父母官了。

尧在《尧戒》中写道：“战战栗栗，日谨一日，人莫踬于山，而踬于垤。”意思是说：做事应该兢兢业业，每日都要谨慎从事。否则，人不会被高山绊倒，却会被小土堆绊倒。

廉政的先决条件是廉吏，因此对官员的选择至关重要。在这方面，氏族和部落首领们认为：继承人必须有极好的德行，足以做百官和庶民的楷模；继承人必须能经受住各种艰难困苦的考验而不后退，因日后他是千万臣民的公仆，而不是高压于人上的至尊；继承人必须有智慧，谋事周到，能提出非常正确的施政意见。

尧对选择继承人是十分严肃认真的，也是十分严格的。尧曾经询问四方诸侯之长：“你们之中谁能顺应天命，我把天子之位让给他。”

四方诸侯之长回答是："我们的德行卑下，不配登上天子的大位。"随即向尧推荐舜。

尧问舜的德行如何，诸侯们回答说："他是乐官瞽叟的儿子。他父亲心术不正，他的母亲善于撒谎，他的弟弟十分傲慢，虞舜却能和他们和睦相处，并能以自己的孝行美德感化他们，都使他们改恶从善了。"

舜即位后，也曾经召集四方部落首领商议选任一批公职人员。有人推荐皋陶，舜告诫他说："只有公正廉明才能使人心服。"

有人推举伯夷做主持典礼的官员，舜采纳了这个建议，但他同时叮嘱伯夷说："要清明正直。"舜还对那些新任命的其他公职人员说："你们要小心谨慎啊！要时刻记住上天交付给我的事业，要竭尽全力辅助好。"

舜时代提出从政者要有9种品德："简而廉，刚而塞，强而义，乱而敬，扰而毅，直而温，宽而栗，柔而立，愿而恭。"意思是说：平易近人又坚持原则，做事主动坚决又有节制，能力强又能协调好关系，处事公平而持重，耐心随顺又极其果敢，严于律己又宽以待人，行事谨慎如履薄冰，办事方式柔和而又立场坚定，与人为善又严肃负责。

依照这些品德，舜不仅要求自己公正廉明，还每3年考核这些公职人员的政绩一次。经过3次考核后，清正廉明的就升迁，否则就降级。由于舜加强了廉政建设，百官尽力，百姓满意，于是一切事业都振兴起来了。

禹继承了舜的帝位后，也表白了自己的廉政理念。他说："民无食也，则我弗能使也，功成而不利于民，我弗能劝也。"意思是说：老百姓家里没有吃的东西，我就无法支使他们；事情做成了，却对老百姓没有好处，我就无法激励他们。

尧舜禹均能时时刻刻自检自律，可谓积极地自我监督。同时，他们以自己的行政理念来倡导勤俭廉明之风，促使了廉政思想的最初萌芽。

尧舜禹既是具有伦理道德方面的理想人格的古昔圣王，又是治国平天下的君主楷模。以至于后来的儒家和墨家都以尧舜禹为号召，而且在整个封建时代，从未有人怀疑过尧舜禹他们在历史上的存在和他们的业绩。

古代廉政思想真正兴起，是在奴隶制时期。自从建立了第一个奴隶制国家夏王朝后，加上商、周、春秋和战国时期，这是历史上的奴隶制时期。

在夏、商、周时期，奴隶主阶级一方面为了维护自身的根本利益和长效管理，开始寻求实现长治久安的有效途径；另一方面，随着奴隶制国家机器的逐步发展完善，管理效能的日益强化，奴隶主阶级不得不对被管理者的行为进行必要的限制。

奴隶主阶级已经认识到了“民不畏死”，对待人民的反抗，必须加强国家政权自身的建设，其中就包括廉政建设。这样，奴隶主阶级中的一些有识之士，开始陆续提出了一些有关廉政建设的思想主张，廉政思想便在当时的政治思想领域内开始逐步兴起。

至春秋战国时期，各诸侯国争霸战争连年不断，大大加剧了各国之间的政治斗争。同时，新兴的地主阶级开始登上了历史政治舞台，对各国的奴隶主贵族政权形成了强有力的挑战。在这种背景下，奴隶主阶级进一步加强了廉政建设的紧迫感。

这一时期的廉政思想，主要表现在以下两个方面：一是以奴隶制国家政权整体作为规范对象，主张在一定程度上调整改善管理政策；二是以从事政治活动的管理者个体作为规范对象。

伴随着春秋战国时期社会大变动和文化大繁荣，廉政文化得到了进一步发展，使廉政思想有了更加广阔的发展空间。

召公首先成为廉洁官吏

尧舜禹的“为民父母”的公仆意识，在周代的召公身上得到了鲜明体现。

召公，周武王姬发的弟弟。因他的采邑在召，故称“召公”，又称“邵公”“召康公”“太保召公”。召地位于现在的陕西省凤翔县一带。

公元前1100年，周武王在灭商3年后去世，他的儿子姬诵即位，这就是周成王，是西周王朝的第二代国王。因当时周成王年仅13岁，便由周公和召公两人辅政。

周公和召公两个人以陕即今河南省陕县张汴原为界，分陕而治，召公主西。周公、召公分陕而治的界石，又称为“分陕石柱”，它是我国古代历史上最早的界碑。

召公以人为本，爱民如子，俭以奉身，正道直行，仁厚威重，政肃民清，从侯爵伯爵到老百姓，每一个人都有适应的职位，没有失业的，人人安居乐业。

召公为官清廉，勤政爱民，以纣为戒，免除暴政，轻徭薄赋。所辖区域，政治清明，社会安定，百姓安居乐业，民风淳朴。

召公还常常不辞辛苦，下乡巡视察看，在田间地头处理民间事务，了解百姓疾苦，奖励农桑，山山岭岭留下了他的足迹，村村寨寨常现他的身影。凡遇民间诉讼，他都仔细察明，秉公决断。

那时黄河经常泛滥，气候干旱成灾。召公就在甘棠树下和百姓一起寻找救灾大计，共谋抗旱方略。鼓励青壮年奋力自救，攀山越岭，寻找水源。

一天，召公来到峭山一带，太阳落山，为了不打扰百姓，他就在甘棠树下，搭一草棚住下。地方官吏要让百姓腾出房屋让他歇息，召公马上制止，他说：“不劳我一身，而劳百姓，这不是仁政。”

这样，召公就在山野的棠树下休息，摘吃棠梨果子解渴充饥，并告诫地方官吏："这甘棠树真好，浓荫郁郁葱葱，果实甜酸可口，百姓劳作累了，可以歇息解渴，要让百姓好好保护它，不要乱砍滥伐，把它做柴薪。"

百姓闻听此事，盛赞召公体恤民情，广施惠政，深得民心，并编成《甘棠》等诗来歌颂召公。

《诗经》里有《甘棠》诗一首，其诗写道：

蔽芾甘棠，勿剪勿伐，召伯所茇。
蔽芾甘棠，勿剪勿败，召公所憩。
蔽芾甘棠，勿剪勿拜，召伯所说。

意思是说：棠荫茂盛树荫长，千万别砍伤，召公曾用它做房。棠荫茂盛树荫长，千万别砍劈，召公曾在此休息。棠荫茂盛树荫长，千万别动手，召公曾在此逗留。

这首诗虽然没有华丽的词语，只有朴素的情感，但这是老百姓发自心声的歌谣，更是老百姓对召公深深的思念。小小甘棠，默不作声，因沐浴了召公清风，成了勤政爱民的象征。由此可见，得民心者永恒。

《甘棠》入选《诗经》绝非偶然。《诗经》是纯粹的民歌，劳动人民口传口唱的歌，可见一个人真正地为人民做了好事，真正地为政清廉，人民是不会忘记他的。一种伟大的精神是要依靠生息着的民众的拥戴，是依靠社会主流的支撑与包容而继往开来的。精神本来是无形的，而融汇与吸纳的形式和流程，却是可见的。

周成王在去世前，恐怕太子姬钊不能胜任，于是，就命召公率领诸侯辅佐，姬钊就是后来的周康王。姬钊登基时，召公率诸侯带着太子姬钊来到先王庙祭典。召公又做文章告诫姬钊："先祖成就王业不易，一定要勤政为民，专志诚信，节俭廉洁，不可有过高的欲望。"

姬钊继位后，向诸侯宣告先王之德，遵先辈所行，清正廉明，励精图治。所以，天下太平，百姓安居乐业，一切刑罚放在一边，40 年派不上用场。这些与召公的辅佐是分不开的。

召公去世于康王时期，那时，周王朝已相当稳固了。召公历经周武王、周成王、周康王三朝，他为维护周王朝政权所做的努力，经受了时间的考验，这是对他的政绩的最好说明。

召公没有留下巨著鸿篇，也没有留下警世名言，甚至没有能够留下只言片语。然而，他却把自己留给了煌煌 3000 年历史，留给了一代一代生息繁衍的中华民族的子孙。

人们为了感念召公的恩德，集资在陕州即现在的三门峡市陕州风景区内建"召公祠"，栽甘棠树，使召公载誉天下，留传百代。后来，"召公棠"这一典故，用来称颂惠政及管理者的惠施惠行。

召公勤政爱民的"甘棠风范"，为官清廉的美德被人们世代流传。后人评价召公功绩说："所幸周之有召公，若汉之有萧何，镇国家，抚百姓，给馈饷，不绝粮道，方有周公三年之征，久战克胜。"

召公为政，具有既正己身复能正人，问政阡陌，爱民如子，劳己不劳民，为公不为私的精神。这种精神是后世清风之源，而召公则为天下廉吏之祖。

孔子节俭开支的理念

孔子是将尧舜禹的公仆意识发扬光大的人，更崇尚召公开创的廉吏清风。他一生都在为了恢复周礼而努力研究治国，而节用思想是他治国思想的一个重要方面。

孔子自幼家境贫寒，3 岁丧父，是母亲颜氏将他抚养长大。后来做官，周游列国，讲学授徒，整理典籍，成为春秋末年的思想家和教育家，是儒家学派始祖，被尊称为“圣人”和“万世师表”。

孔子对为政清廉的尧舜禹大加赞美说：“巍巍乎，舜禹之有天下也，而不与焉。”意思是说：多么崇高啊！舜和禹得到天下，不是夺过来的。

孔子所处的时代，社会混乱，政局动荡。他继承和发扬了尧舜禹“做百姓父母官”的公仆思想，提出来自己关于勤俭的见解。

《论语》开篇后第一句涉及勤俭节约的话是，要求国家“节用而爱人”，要求国家审慎使用财富，爱惜百姓的人力。其中的“节用”两字，集中体现了孔子的清廉节俭的为政思想。孔子认为，做人应该“温、良、恭、俭、让”，他把“俭”作为自己的人生态度之一。孔子本人非常注重廉洁，一生都过着清心寡欲的生活。

孔子在生活中是很注意节俭的。当时用苎麻做的帽子，是举行冠礼时戴的，但这种帽子做起来费工费时，如果用丝来做，则容易织成，并且省工省时，因而俭省一些。

孔子认为，做行冠礼的帽子，用麻用丝只是原料不同，和礼的本质无关，所以用什么节俭就用什么。这就体现了孔子“礼与其奢也，宁俭”的思想。

孔子一向崇尚节俭，认为吃粗饭，喝白水，弯着胳膊当枕头，这种生活中也有着快乐。用不正当的手段而得来的宝物，在他看来就好比天上的浮云。

孔子的俭用思想，在料理丧事方面表现得很突出。他认为料理丧事，要根据家庭的经济情况，经济富裕的不要过分；经济差的只要殡葬了就可以了。他的这个主张与今人的“入土为安”思想很接近。

孔子 70 岁时，他 50 岁的儿子孔鲤去世了。按当时孔子的大夫身份，再加上有很多的弟子帮助，给他儿子厚葬完全是有条件的，但是“鲤也死，有棺而无椁”，只是举行一般葬礼埋了。

孔鲤去世后不久，孔子的得力弟子颜回去世了。颜回的父亲和孔子的弟子都要厚葬颜回，孔子考虑到颜回家中本来穷困，若用厚葬，就超出了他家庭的实际负担，所以他认为“不可”。

孔子对富有的贵族，也规定了一个丧葬的最高限度，比如他在任中都宰

时规定“四寸之棺，五寸之椁。因丘陵为坟，不封不树”。他的这一规定不仅在鲁国有效推行，而且成了诸侯丧葬的准则。

孔子不但自己保持着艰苦朴素的生活作风，而且还在弟子中提倡这一生活作风。对于能够耐得住清贫的人，他是十分赞赏的。

子路是孔子的得力弟子，他生活俭朴，得到了孔子的大力称赞：“衣敝缊袍，与衣狐貉者立，而不耻者，其由也欤？”意思是说：子路穿着破旧的衣服与穿着皮衣的富贵站在一起，却不觉得惭愧，表现出内心充裕，重视道德，不计较衣着破旧的高贵品质。

孔子对子路不嫉妒，不贪求，量入为出的艰苦朴素的生活作风给以极高的评价。

孔子的弟子颜回每天的饮食就是一小筐饭，一瓢水，而且住的地方也十分简陋，但他依然保持乐观的精神，发愤学习。孔子曾给予他高度的评价，称他是真正的“贤德之人”。

当然，孔子也不是认为衣服穿得越破旧越好，应根据自己的生活实际量入为出；对超出自己生活实际，去追求豪华服饰的生活作风是反对的。他主张要根据自己的实际生活情况，衣服整洁，举止端正，即所谓“出门如见大宾”那样。

有一次，孔子的弟子子张向他请教怎样当官。孔子说了几条，其中有“惠而不费”和“欲而不贪”两句，前者强调的是为政利民、无费于财的思想，后者意谓为政者自己要追求仁德，戒掉贪欲。这反映了孔子的清廉节俭的为政思想。

为政者如何才能做到清廉节俭，孔子认为关键要耐得住清贫，要有吃苦的精神。他希望为政者能做到“饮食上不要太追求，居住上不要太讲究”，“即使是在长期的贫困中也要坚守自己良好的品德和对理想的追求”。

孔子的弟子子夏做了莒父宰后去向他问政，他说：“无欲速，无见小利。

欲速则不达，见小利则大事不成。”意思是说：做事不要图快，不要只见眼前小利。如果只图快，结果达不到目的；只图小利，就办不成大事。说明做事不能只图快不求好，急于求成反而干不好事。

孔子这句话一方面是讲为政者在政绩上不要图快，要做脚踏实地的工作；另一方面是讲为政者要廉洁勤俭，不要贪图小利。如果见了小利就起贪心，“则大事不成”。

为政者清廉节俭，孔子除了要求为政者要做到耐得住清贫之外，还提出了一个更高的精神境界，就是要以“三无私”的精神来从政。

据《论语·孔子闲居》记载，有一次孔子和弟子们讨论道德修养问题，子夏问孔子怎样才能修成良好的道德品质，孔子回答说，从政者要用“三无私”的精神来为天下人操劳。子夏又问什么是“三无私”？

孔子说：“就是天无私、地无私、日月无私。”他又解释说，天无私才能覆盖大地，地无私才能承受万物，日月无私才能普照天下，用这三种精神来为天下人操劳，这就叫“三无私”。

孔子自己在为政时，更是以清廉节俭要求自己，克勤克俭，尽到了一个官员应尽的义务和职责。

当时鲁国的世卿叔孙无忌听说孔子在中都治政如神，就派家臣前来观摩学习。家臣来到中都，恰逢孔子到四周的乡村巡视去了，家臣就参观起中都宰衙的建筑来。只见它虽不富丽，但也庄严，而且城池没有城墙，更没有一个护城的兵役。

正在疑惑之际，中都宰衙的衙役送来了饭食，仅一盘鲤鱼和一碟蔬菜。家臣就问：“平日你们老爷就吃这样的饭菜吗？”

衙役答说：“平日老爷以吃蔬菜粗粮为主，根据老爷的吩咐，凡有客人到来，才加鲤鱼一条，表示以礼相待！”

家臣听了，默不作声。饭后，家臣又信步来到街市场，只见货殖充裕，平卖平买，秩序井然，感觉中都的确不是虚传。他游览过街市回到衙门时，孔子已在公堂等候了。

家臣问孔子说：“先生，这中都的政绩，与外面传闻的确名副其实，只是在下见那城墙已败，为什么不再筑一座机关呢？”

孔子说：“我关心的是百姓的生活，修筑城墙，要劳役百姓，百姓不种庄稼而来筑城，岂不怨声载道？况且，仲尼并不认为城墙能有什么大用。”

孔子说：“仲尼为官是为了天下百姓，不是为了自己占据一块疆土，更不想凭借一块疆土觊觎天下。如果百姓真心实意拥护我，若有人来侵犯，百姓们自然会来保护，城墙可以用武力攻破，而民心是用武力打不破的！”

家臣说：“先生的美德仁政，在下敬佩之至！”他接着又问，“先生，我一路而来，见百姓都在田里干活，比其他的地方都要勤劳，不知是否颁布了什么好的政令？”

孔子说：“我只教育他们重视农活，争取丰衣足食。如果不讲清道理只是一味去命令他们，强迫他们，他们不会如此卖力干活的。”

孔子说：“我心里想的是老百姓，做的事也是为了老百姓，他们自然对我非常信任。如果一个地方官吏能以关心百姓的态度端正自己的行业，那管理这个地方还会有什么困难？如果自身不端正，又怎能端正别人呢？我曾说过，‘其身正，不令而行；其身不正，虽令不从’。地方官本身清廉节俭，不发命令人民也会照样去做；本身不正派，即使下严厉的命令也不会有人服从的！”

家臣听了孔子的一席话后，深有感触，尤其是听到孔子说的“其身正”，更觉得不虚此行。此后不久，鲁国大夫季友的私人领地费邑也派人前来请教，齐国的几个县邑也派人来中都取经。

孔子德治中都的政绩，在天下传开，从此，人们都称孔子为“圣人”。中都的老百姓们还作歌赞誉道：

圣人出，黄河清；

圣人治，中都富。

孔子“节用”思想是古代廉政思想中的宝贵财富，极大地丰富了古代廉政思想的内涵。这一思想对后代臣民都产生了极为深远的影响。

子路知错认错识大体

弟子们跟着孔子周游列国来到陈国。一天，子路和巫马期两个人到野外去打柴，突然一阵轰隆隆的车马之声呼啸而至。只见这队车马，浩浩荡荡，一眼看不到头，马车走到山脚下停住，车上的人下来，在草地上开怀畅饮。

子路问巫马期：“巫马期，他们真是够气派啊！如果你忘了你所学的知识，也不去用尽你的才能，便得到这样的富贵荣华，永远也不去见孔子，你愿意吗？”

巫马期怒视子路，说道：“我曾经听孔子说过：‘勇士不能丧失精神，仁人志士不能见利忘义。’你不了解我吗？难道你说的意思就是你的志向吗？”。

子路心中惭愧，回来后，把事情向孔子说了一遍。孔子没有说话，转身拿过琴弹了起来。琴声先是舒缓悠扬，渐渐地慷慨激昂起来。孔子神色严峻，两眼微闭，思绪随琴声飞扬。一曲弹罢，孔子轻轻地说：“你羡慕荣华富贵，难道我的理想不能实现吗？”

这时子路已经惭愧地无地自容，垂手恭立在孔子身边，对孔子说：“子路愧对老师，愧对巫马期。”

好仁恶不仁

子曰："我未见好仁者，恶不仁者。好仁者，无以尚[①]之；恶不仁者，其为仁矣，不使不仁者加乎其身。有能一日用其力于仁矣乎？我未见力不足者。盖[②]有之矣，我未之见也。"

子曰："人之过也，各于其党[③]。观过，斯知仁矣。"

子曰："朝闻道，夕死可矣！"

【注释】

①尚：动词，超过，再好不过。

②盖：副词，带疑问语气，大概、或许。

③党：古代地方户籍编制单位，500家为党。党人，指同乡人。党友，指志向相近、立场相似、经常在一起的人。

【解释】

孔子说："我未曾见过爱好仁的人，也未曾见过憎恶不仁的人。爱好仁的人，那是再好也没有的了；憎恶不仁的人，他对待仁，只是不使不仁的东西加在自己的身上。有谁能花一天之力来用在仁上吗？我未曾见过心有余而力不足的。大概这样的人还是有的，但我没有见过罢了。"

孔子说："人们的错误，总是与他那一类人所犯错误性质是一样的。所以，考察一个人所犯的错误，就可以知道他有没有仁德了。"

孔子说：“早晨理解了真理，就是当天晚上死去也心甘。”

孔子认为，人之所以犯错误，从根本上讲是他没有仁德。有仁德的人往往会避免错误，没有仁德的人就无法避免错误。这从另一角度讲了加强道德修养的重要性。

【故事】

季文子的廉洁勤俭作风

先秦时期，除了孔子、老子、墨子等思想家对廉政的论述与实践，还有诸侯国许多贤臣廉吏，在自己思想实践中，践行了他们对廉政的理解与认识。春秋时期鲁国贵族、著名外交家季文子就是其中之一。

季文子在鲁国久执国政，历经鲁宣公、鲁成公、鲁襄公三君，是对鲁国发展具有重要影响的人物。

季文子的父亲季友和他的二哥庆父、三哥叔牙是历史上有名的季孙氏、孟孙氏、叔孙氏“三桓”势力的老祖。“三桓”名声不好，可季文子的廉政清明以及他的“三思而后行”的思想，却得到后世的肯定。

鲁宣公执政期间，季文子当了宰相。他除去了制造内乱的东门襄仲，驱逐了他的儿子公孙归父，使国内有了一个较稳定的环境；他推行“初税亩”，开始按占有田亩多少征税，迈出了从奴隶赋税制向封建赋税制过渡的一步；他请求晋国出兵，并和晋在鞍邑打败了齐，收回了被齐侵夺的隆邑；他建立鞍邑之战胜利纪念馆，以此让公室不忘国耻，树立胜利的信念。

季文子在政治上取得了很大的成绩，而他对自身修养的要求则更为后人重视。他以廉洁俭朴的形象在诸侯列国中形成了很好的口碑，被诸侯列国奉为廉吏楷模。

季文子崇尚俭朴，以节俭为立身的根本。他穿衣只求朴素整洁，除了朝服以外没有几件像样的衣服。每次外出，所乘坐的车马也极其简单。与此同时，季文子还要求家人也过俭朴的生活，家中没有穿丝绸衣服的妾，厩中没有喂粮食的马。这在钟鸣鼎食之家，确实极为少见。

有一次，季文子家中来了一位贵宾，这位贵宾非常赏识季文子的才华，见他案头的文具过于陈旧，特地为季文子送上一套非常考究的文具。

季文子见人家一片诚意，因而对客人风趣地说道："您看我居室中哪样东西能和您这礼物相比呢？我一向用惯了旧物件，要是一下子用上您这东西，恐怕文思会大减的。我看您还是留着自己用吧！"

就这样，季文子硬是让他把礼品收了回去。

季文子以鲁国执政的身份而大兴节俭之道，为鲁国政治带来了一股清新的风气，并在客观上起到了表率的作用。

鲁国政治家孟献子有个儿子叫仲孙它，经常出入季文子这位长辈家中。仲孙它血气方刚，看到季文子这样节俭，很不理解他为何过这样的日子，并认为这有损于鲁国形象。

有一次，仲孙它带着疑惑的神情质疑季文子说："您身为上卿，德高望重，但我听说您在家里不准妻妾穿丝绸衣服，也不用粮食喂马，您自己也不注重容貌服饰，这样不是显得太寒酸，让别国的人笑话您吗？这样做也有损于我们国家的体面，人家会说鲁国的上卿过的是一种什么样的日子啊？您为什么不改变一下这种生活方式呢？这于己于国都有好处，何乐而不为呢？"

季文子听后淡然一笑，对仲孙它严肃地说："我也希望把家里布置得豪华典雅，但是看看我们国家的百姓，还有许多人吃着粗糙得难以下咽的食物，穿着破旧不堪的衣服，还有人正在受冻挨饿，想到这些，我怎能忍心去为自己添置家产呢？如果平民百姓都粗茶敝衣，而我则装扮妻妾，精粮养马，这哪里还有为官的良心！况且，我听说一个国家的富强与光荣，只能通过臣民的高洁品行表现出来，并不是以他们拥有美艳的妻妾和良骥骏马来评定的。既然如此，我就不能接受你的建议。"

这一番话，说得仲孙它满脸羞愧之色，只得红着脸走开了。

季文子把此事告诉了孟献子。孟献子不仅是个很正直的官员，也是个不简单的父亲，他把儿子仲孙它在家关了 7 天让他面壁思过。

仲孙它终于迷途知返，认识到了自己的错误，效法季文子，积极改过。从此以后，他十分注重生活的简朴，妻妾只穿用普通布做成的衣服，家里的马匹也只是用谷糠、杂草来喂养。

季文子听闻仲孙它改过之事，赞赏地说："犯了错误能及时改正的人，就可以成为人上之人了。"后来提拔他为上大夫。

在"礼崩乐坏"的春秋时期，身处政治斗争漩涡之中的季文子为什么能够做到清廉节俭？关键在于他办事总是"三思而后行"。凡事总要做到有备无患，这是季文子稳妥周全的行事风格。

季文子有一次打算要出使晋国，在准备好聘礼之后，又让随从准备些丧事之礼以应急。随从都不理解其中的原因，季文子就解释给他们说："备而不用是古人留下的善言名句。如有急需而却没准备，那情况就太难堪了，多预备点没什么害处。"

同样在节俭这一问题上，季文子也是一思再思。他认为，节俭是爱民的出发点，力行节俭，才是达到国家治理的正确途径。廉洁和节俭不仅仅只是个人生活作风问题，而是蕴涵着政治生活中的大道理。

孔子听到弟子谈论季文子的事迹后说："对于季文子这样的人来说，想两次也就可以了。"

孔子的意思是说，季文子审慎多思与行事缜密，对这样一个人，再要求他慎思，只怕会过犹不及。

慎思之，明辨之，是儒家一贯主张。孔子对季文子的"三思而后行"是持积极而肯定的态度的。孔子在设坛讲学的过程中，曾以季文子、子产等享誉一时的人物为例，给弟子们阐述做人为官之道，希望弟子通过他们自己的努力，建立像季文子等人那样的品行和功业，进而实现他们的政治抱负。

公元前 568 年，季文子因病逝世，鲁襄公前往吊唁，发现随葬品都是些案头、橱中破旧的东西，不禁问道："家中难道不舍得拿出些值钱的东西陪葬吗？"

季文子家人听罢摇头答道："家中实在没有一件金、玉等贵重物品。"

鲁襄公不解地问道："为什么不购置些来呢？"

季文子的管家听罢，含着泪说："国君，我家主人一生节俭，还常为国事而解私囊，家中一点点积蓄也没有。如若不信，这里有账可查。"管家向国君奉上季文子家的账簿。

鲁襄公边看边点头，随行的不少官员亲眼看见这样的情形，也都大为震撼。此事传至百姓中，人们都夸赞季文子品德高尚。季文子作为堂堂三朝元老不但没有什么积蓄，甚至连丧葬用品都准备不齐，这确实让人感叹不已。

季文子廉洁节俭，得到了后世极高的评价。西汉时期史学家司马迁借用“君子”的话称他既“忠”又“廉”，而“忠”说的是他对鲁国政治与外交的贡献，“廉”则是对他生活作风的褒扬。

季文子作为朝廷重臣，能够注重个人修养，廉洁勤俭，不仅在鲁国的内政外交中发挥了重要作用，更为后世树立了一个廉吏的楷模，受到后人不断的赞誉和尊崇。他的“三思而后行”的思想，也一直影响着后世。

孙叔敖的循吏之功

如果说季文子为世人树立了一个廉吏的楷模，那么，孙叔敖则以自己的亲身实践，彻底粉碎了某些人“高官厚禄者一定腐败”的世态断言。

孙叔敖出生在一个小官吏家庭，最初在乡间务农。耕种的同时他刻苦读书，很有学问，很多人都知道他是个满腹经纶的人。

公元前 614 年，楚庄王即位。为了国家强盛，楚庄王在即位之初就寻求治国人才。他听到孙叔敖很有才能的消息后，就请求孙叔敖出山做官，任命他为令尹。

孙叔敖当了令尹后，四方的吏民纷纷登门祝贺，都觉得孙叔敖遇到了大好时机，可以一展宏图了。他虽然已经身居高位，却能够谦虚待人。

这一天，有一位老者来到了孙叔敖府上。只见老者白头发、白胡子、白帽子、白衣服，通身白色，仿佛给人吊丧一般。众人都认为这是个老疯子，主张把他轰走。

孙叔敖劝阻大家说："不能这样，不能这样。他既然如此怪异，其中必有缘故。今天不管是谁，来到府上都是客人。"

为了表示对老者的尊重，孙叔敖整好衣冠，把老者请到了厅内，恭敬地向老者施了一礼，诚恳地向老者说："请问老人家，人尽来贺，您独来吊，您有什么话要教导我吗？"

那位老者一板一眼地说："我有三句断言：身处富贵而傲慢无礼地教训他人者，人们就会唾弃他；职位很高而独断擅权、玩弄权术者，国君就会厌恶他；享受的俸禄已经很多，仍贪心不足者，众人就会独避他。"

孙叔敖听了这番话，赶忙给老者作揖行礼，请他多加教诲。

老者接着说："身贵而不骄民，位高而不擅权，禄厚而不苟取。你若能坚守这 3 条为官的原则，就可以治理好楚国了。"说完，飘然而去。

孙叔敖听完老者的话，敬佩不已，心想这一定是哪方世外高人来指点自己。因此，他更觉得自己应该为国家、为百姓多做好事，做一个勤俭廉政的贤臣。

孙叔敖任令尹后，大力兴修水利工程。约公元前605年，他主持兴建了古代最早见于记载的大型渠系水利工程期思陂灌区。期思陂就是现在的河南商城及其附近一带。他带领民工在期思排除积水，将古期思水引入众多的小陂，形成期思陂灌溉之野。

孙叔敖又主持兴建了古代淮河流域最著名的水利工程芍陂。他疏引淠水经白芍亭东积成湖，灌溉周围原野。后来，芍陂工程经过自汉至唐代的多次修浚，方圆达到二三百里，灌田万余顷。

孙叔敖不但重视农田水利建设，还注重牧业和渔业发展。他劝导百姓利用秋冬农闲季节上山采伐竹木，在春夏多水季节通过河道运出去卖掉。这样使资源得到合理利用，也利于国家富足和百姓生活改善。

由于孙叔敖兴建水利工程，大力发展农业，并注重牧业和渔业多项发展，使楚国经济迅速恢复与发展，人民很快富裕起来了。

《史记》上记述了当时楚国的繁荣景象：上下祥和，民俗美善，政令宽松，令行禁止，官吏中没有奸邪之人，盗贼不起。秋冬季节孙叔敖劝说百姓进山采矿，春夏兴修水利，大家都得到了好处，百姓都为这样的生活感到快乐。

孙叔敖还帮助楚庄王进行币制改革。当时楚庄王认为钱币太轻，就把小钱改成大钱，结果百姓使用不方便，都不做生意了。

这时，管理集市的官员对孙叔敖说："集市混乱，百姓不知道到哪里安身，社会秩序无法安定。"

孙叔敖问："这样的情况有多少时间了？"

集市官员回答："有3个月的时间了。"

孙叔敖说："现在就停止使用大钱，我马上下令从今天开始恢复使用小钱。"

5天后，孙叔敖在上朝时奏请楚庄王："以前以为小钱太轻，换成了大钱。如今管理集市的官员来说'集市混乱，百姓不知道到哪里安身，社会秩序无法安定。’我请求下令恢复使用小钱。”

楚庄王答应了，下令3天，集市恢复得像原来一样繁荣了。楚庄王因得到这样一个好令尹，心里也很痛快。

孙叔敖任令尹后，还大力整顿军队。他曾依据楚国的军事典令和战争实践，明确规定军队的行军顺序和各自的任务。使楚军在行进中军行严整，常备不懈；战斗中统一指挥，军令肃然。

经过孙叔敖的大力整顿，楚军的战斗力大大增强。在强大的军事力量支持下，楚国迫使郑国投降，楚军还击败了晋国的军队，对楚庄王称霸起了重要作用。由于孙叔敖行政、治军有功，楚庄王多次重金封赏他，但他坚辞不受，工作上更加兢兢业业，忠于职守。

孙叔敖不仅政绩十分突出，还一向持家严格，勤俭为本，不许家人铺张浪费。为官多年，家中却没有积蓄。

由于长年劳累，孙叔敖晚年染上了重病。他躺在病床上思前想后，最不放心的就是他的儿子孙安。

孙叔敖想：自己死后，大王很可能会赐给孙安一份丰厚的产业，或者留孙安在大王身边做官。如果这样，孙安当然不用发愁衣食穿用，可这对他没有什么好处。孙安自幼在生活方面已经比普通人优越了，如果再不靠自己的努力去养活自己，学会俭朴地过日子，他就会变得更懒，变得更奢侈。这样，自己做父亲的，不是害了儿子吗！

孙叔敖想到这儿，忍着病痛坐起来，一笔一画地给楚王写了一份奏章。

孙叔敖写好奏章，把孙安叫到跟前，语重心长地对他说：“孩子，父亲一生清苦朴素，廉洁为公，没有积蓄，不能给你留下什么遗产。我已经活不久了，我死后，楚王可能封你做官，或者赐你产业。我是了解你的，你没有治理国家的才能。我死后，你就回老家种地务农吧！大王如果一定要给你产业，你就只收下寝丘那块地，千万不要争什么好地，选一块没人要的地就可以了。记住，我一生俭朴，不求富贵，希望你也如此。”

孙安流着泪答应着。孙叔敖又将写好的奏章递给孙安，说：“刚才嘱咐你的意思，我都写在奏章里了。我死后，你把奏章呈给楚王。”

几天后，孙叔敖病逝了，孙安遵照父亲的遗嘱，将奏章交给楚庄王。

楚庄王一看，上面除了有关内政、外交、经济及爱护百姓、奖励耕织的许多建议外，还写了这样一段话：“靠了大王的信任，使我这样一个普通的乡下人居然做了楚国的令尹。尽管我十分努力办事，也报答不了大王的恩宠。现在，我要离大王和楚国而去了。我只有一个儿子，但他没有治理国家的才能，我恳求大王不要留他在身边做官，让他回到家乡去生活，这就是对他很好的照顾了。”

楚庄王一边看着奏章，一边流泪。看完奏章，他痛心疾首，冲着天上喊：“苍天啊！你为什么夺走我的股肱之臣！”

楚庄王要孙安留在身边当大夫。孙安坚持要照父亲的嘱咐决定回家乡去。孙安带着母亲回到老家种地为生。因为父亲没有遗产，去世时又花去一笔丧葬费用，所以生活十分贫苦。但他牢记父亲的话，秉承父亲的家风，俭朴持家，日子勉强过得去。

后来，楚庄王还是请孙安在宫中做官。孙安仍表示要坚持遵照父亲的意思不愿做官。楚庄王说：“不做官，就封你一座城吧！”孙安无论如何也不要。

楚王说：“你什么都不要，我心里如何过得去？天下人也要骂我的。”

孙安说：“如果这样，就请大王把寝丘那块地封给我吧！”

楚王说：“寝丘可是块没人要的废地呀！”

孙安说：“这不是我想出来的。是父亲临终前这样交代的，我怎么好自作主张更改呢？”

最后，楚庄王叹息了一阵，只好答应了孙安的要求，把寝丘封给了他。

孙叔敖兢兢业业，一心治国，虽功勋盖世而清廉俭朴，品格高尚。他以自己的实践，打破当初那位世外高人关于“身贵骄民、位高擅权、禄厚苟取”的世态断言，表现了一位贤吏高超的处事方式。孙叔敖备受后人赞誉，司马迁在《史记·循吏列传》中列其为第一人。

晏婴身为元老能尚俭

晏婴是春秋后期齐国政治家、思想家和外交家。他的从政实践具有自己的特色，他的事迹告诉人们，勤俭既是传统美德，也是成就事业的素质。

晏婴在任宰相的时候，为齐国的富强做了不少好事。由于他在齐灵公、齐庄公、齐景公三朝时做高官，所以他又被人称为齐国的“三朝元老”。别看这位“三朝元老”在齐国居官的时间长、地位高、有名望，但他日子过得相当节俭。

晏婴平时穿的是粗布衣服，即便祭祀祖先的时候，也不过把衣服和帽子洗干净穿上而已。一件狐皮大衣，也只是在出使他国或参加盛典时穿，并且一直穿了30多年。每日粗茶淡饭，正餐也不过是糙米饭，只有一荤一素两个菜。

由于晏婴生活清苦，齐景公曾经多次派人给晏婴送去生活上的费用，但晏婴根本不愿接受，多次叫来人带回。齐景公见晏婴不肯收钱，也没办法，于是便决定亲自去晏婴家视察一下。

一天，齐景公专门找了个吃饭的时间到了晏婴家。他故意不让随从报告，自己径直走到晏婴饭桌前。这时，晏婴正端着一碗糙米饭在吃。饭桌上只放着两盘菜：一盘鸟肉，一盘青菜，而且量相当少。

齐景公看到这种情形，感慨地说：“你的生活如此清苦，这是我的不对啊！你总说生活并不贫穷，今天我算是亲眼见了。”说完，惭愧地低下了头。

可晏婴像什么事情也没有发生一样，他先客气地请齐景公坐下，而后语调平和地说："大王，我的生活的确很不错了。现在百姓的生活很不富裕。一般做小官的，每顿不过吃饱小米饭。我的饭桌上有一盘鸟肉，这就等于一般小官的两顿饭了，现在又加上了一盘青菜，这就等于人家的三顿饭了。您说，我的才能不会比普通人高出一倍，可我却吃了他们三个人的饭，我的生活能算清苦吗？"

齐景公被晏婴说得无话可说，无可奈何地摇着头。

晏婴平日上朝时，总是乘坐一辆劣马拉的破旧车子，有时甚至步行着去。齐景公知道后，便派人送去新车骏马，可使者连续送了两趟，都被晏婴回绝了。然而，齐景公还是觉得晏婴乘坐的车马与他的身份太不相称了，所以仍坚持要送他一辆由几匹良马驾的好车，于是第三次派人送去，可还是被晏婴拒绝了。

齐景公非常不高兴，责问他为何不收，晏婴说："您让我管理全国的官吏，我深感责任重大。平时，我反对奢侈浪费，要求他们节衣缩食，以减轻百姓

的负担。我若乘坐好车好马，百官们便会上行下效，奢侈之风就会流毒四方。假如真的到了那个时候，恐怕就再也无法禁止了。”

晏婴虽然官居相位，但从未嫌弃自己昔日的糟糠之妻，更没有纳妾的想法。

一天，齐国大夫田无宇路过晏婴家门口，看到晏婴站在大门外，便凑上去打招呼。这时，只见屋内走出一位颤颤巍巍的老妇人，满脸皱纹，满头白发，身上穿着粗布做的衣服。田无宇等那妇人走远后，问晏婴：“刚才那位老妇人是谁啊？”

晏婴说是自己的妻子。

田无宇听后哈哈大笑说：“您位至卿大夫，为何不另娶一位妙龄阿娇，却同一个老太婆厮守在一起？”

晏婴白了他一眼，不屑一顾地回答说：“我曾听人说，‘抛弃年老的，是为不守礼义；纳娶年少的，是为淫乱。’何况是见色忘义，因富贵而失人伦，简直可称得上是大逆不道。难道你希望看到我有淫乱之行，不顾人伦而另娶，做那些倒行逆施、寡廉鲜耻的事情吗？”

一席话，说得田无宇面红耳赤，无地自容。

据说，齐景公有位年轻貌美的宝贝女儿，愿意嫁给晏婴。一天，齐景公到晏婴府上赴宴，酒至半酣，看到一个老妇人穿堂而过，便明知故问：“这就是您的妻子吗？”晏婴点头称是。

齐景公故作惊讶地说：“哎呀，怎么这么老，这么丑啊！”接着又说自己有个女儿年轻漂亮，愿意嫁给他做夫人。

晏婴一听，马上站了起来，诚惶诚恐地表示：“现在，我妻子确实又老又难看，但她年轻时也是很漂亮的。只是随着岁月的流逝、年龄的增加，才变成这般模样的。我们已经共同生活了几十年，我决不能辜负她！”并进一步说，“无论任何人都会随着岁月的流逝而变得衰老和难看的。我非常感谢大王的好意，但却万万不能从命！”说罢，俯身下拜不起。

齐景公见状，也只好作罢。

“贫贱不能移，富贵不能淫，威武不能屈”，是我国传统士大夫孜孜追求的最高道德境界，晏婴做到了。

一个厉行节俭的官员，一般来讲也是一个治国有方的人。晏婴就是这样的人。由于他政绩突出，齐景公决定把齐国的平阴和棠邑两地赐给他。

这两个地方相当富足，尤其是棠邑，当时有好多人想得到它，可晏婴却不肯接受。他态度诚恳地对齐景公说：“国君，我不敢接受您的恩赐。我认为当官的，首先应为君主和国家着想。现在百姓的生活贫困不堪，他们已经对朝廷有了怨恨情绪，我们为臣的不顾及这些，还在拼命地追求自己的享受，这会使百姓更加无法忍受，对王室的怨恨也会加深的。”

齐景公听晏婴的话句句在理，态度又十分诚恳，也就没有再坚持。

晏婴虽然身为齐国国相，却大力倡导俭朴节约，并且身体力行，为齐国的官吏在厉行廉洁、反对奢侈浪费方面做出了榜样。

西门豹除恶俗兴水利

在先秦时期的廉吏中，西门豹是个地位相对低下的地方官员，但他的为政举措，别出心裁，政绩显著，完全可以和季文子、孙叔敖、晏婴等人的勤俭廉政精神相媲美。

西门豹，战国时期魏国人，故里在今山西运城盐湖区安邑一带。他是魏文侯时期著名的政治家、水利家，为治理邺县立下赫赫功勋，使之成为当时魏国的东北重镇。

公元前445年，魏文侯作为魏国的第一代君主登位。此时的魏国，已初步建立了君主集权的国家制度。但魏国的旧势力仍然相当猖獗，疆土纷争依然经常发生。

魏国的邺县靠近漳河，毗邻赵国，是军事战略要地。但漳河连年泛滥，两岸百姓深受其害，以致邺县非但不能起到外御强敌的作用，反而成为魏国的肘腋之患。因此，魏文侯总想委派一名得力的官吏去管理邺地。

西门豹因其胆识超群，明达干练，并积极参与李悝的政治改革运动而深得魏文侯的信任。于是在大臣翟璜等的推荐下，魏文侯决定任命西门豹为邺令。

赴任前夕，西门豹深知自己此次身肩重任，又知道自己平时脾气比较急躁，易动肝火，特地找了一根柔软而富有韧性的熟皮带佩在腰间，时时提醒自己欲速则不达，遇事应缓而静思，克服性子急躁的毛病。从此，一位举止稳健、精力充沛的地方官吏出现在漳河两岸。

西门豹身着便服，不露声色地来到邺地民间，召集当地一些乡邑老者，问他们有关老百姓痛苦的事情。原来，在当地民间流行着一种古老的恶俗：每年为河伯娶妇，将年轻貌美的女子活活淹死，结果不仅不能避灾息祸，反

而造成城中空无人迹的景象。

不屈服于旧习惯势力的西门豹来了个将计就计。以惊人的胆识和谋略，用“以其人之道，还治其人之身”的计策，揭穿了“为河伯娶妇”的鬼把戏，智惩巫婆和三老。同时又用事实教育百姓移风易俗，改造自然，从根本上制止了三患之中的人为之害。

从此以后，在邺地没人再敢提为河伯娶妇的事，也没有人再相信为河伯娶妇就能消灾了。

西门豹深刻认识到，倘若只治人为之害，而水患不除，邺县的面貌则不能彻底改观。因此，西门豹毅然决定率领民众开渠筑堤，引漳灌田。

邺地位于太行山东部的冲积平原，自西向东流经邺地汇入黄河的漳河，一到雨季就会因泄洪不畅，水位暴涨，经常泛滥成灾，造成田园冲毁、人畜死亡的惨痛景象。

如何治理这条多灾多难的漳河，变祸水为福水，成为西门豹破除“为河伯娶妇”的迷信恶俗之后要做的又一件大事，事关百姓幸福和农业生产的发展。

西门豹先后多次请当时的一批能工巧匠出谋划策，然后又身先士卒，带领大家溯流而上，饮风沙、蹬泥泞、观地势、察水脉，披星戴月，备尝艰辛。在那些长途跋涉的日子里，他常常是渴饮沟渠水，饥餐农家粥，身体力行，事必躬亲。

西门豹徒步勘察了漳河两岸的村村户户，殚精竭虑、呕心沥血，一幅治理漳河的宏图，也渐渐地成竹在胸了：沿漳河开挖 12 条水渠，引流分洪，蓄水灌溉。

在生产力还十分落后的战国初期，要想同时开挖 12 条水渠，其工程之艰巨是可想而知的。一时百姓心存疑虑，以至于怨声四起。西门豹又走村串户，谆谆诱导，反复强调开渠的利与弊，他坚信，现在挖渠引水，父老乡亲会因此受些苦难，但料定他们将来一定会明白的。

由于西门豹总是晓之以理动之以情，不厌其烦地向人们解释，终于他的治水宏愿得到了越来越多的百姓的理解和支持，甚至出现了父母送子、妻子送夫上工地的感人情景。

在西门豹的率领下，一支浩浩荡荡的治水大军，在漳河两岸安营扎寨。顷刻间，彩旗猎猎，车水马龙，治水工地上呈现出一派热火朝天的劳动景象。

西门豹治水如治军，纪律严明，秋毫无犯，有功必赏，违法必究。他自己更是身先士卒，从不擅离工地，日夜辛劳在治水的第一线。即使到了夜深人静的时候，他还要打着火把到施工现场巡视，察看工程质量，若发现问题，便及时下令更改。

寒来暑往，斗转星移。在西门豹亲自督促下，邺地百姓经过数载埋头苦干，12 条大水渠终于修成了。每条水渠不仅有调节水量的水门，而且还分别筑坝多处，便于日常取水。为了不妨碍交通，每条水渠上建起了桥梁。

治理好了漳河，农田得以旱涝保收，邺地产粮高于当时魏国的其他地区，逐渐富庶起来。百姓生活逐渐得到了改善，原先的穷乡僻壤开始呈现出一派兴旺景象，逃亡他乡的贫民也纷纷重返故土。

可以说，“漳河十二渠”既是古代劳动人民集体智慧的结晶，更是凝结着邺令西门豹的心血。

“漳河十二渠”是春秋战国时期最著名的四大水利灌溉工程之一，也是黄河流域出现较早的灌溉工程，对后世治理水患、应用水利起到了积极作用。据史书记载，西门豹的引漳灌渠，直至汉代还在发挥利民效益。

西门豹除了治理漳河外，为官也十分清正廉明，而且执法严明。在当时，由于西门豹治漳河时有人反对，而且总有些法令会得罪一些权贵，自然更遭人嫉恨，也不断有人在魏文侯面前说他的坏话，巴不得魏文侯将西门豹革职罢官。为了查明事实真相，魏文侯决定亲自到邺地视察。

魏文侯到了邺地，看到沟渠交错，庄稼茂盛，但察看粮仓和府库时，果然如人所告：粮仓里不见颗粒粮食，府库里不见丝毫钱财，兵库里不见一矛一盾，衙门里也不见有人审理公务。

于是魏文侯责问西门豹："当初翟璜推荐你任邺令，总希望你能有所作为，想不到你把邺地治理得这么乱，你若能说明其中原委倒也罢了，否则削官问斩！"

西门豹不慌不忙地答道："臣听说有作为的国君富民，图强霸的国君富武，只有亡国的国君才富府。我以为大王现在是想做一个富国强兵的君主，所以我实行蓄积于民的措施。这样说大王也许不信，请允许我登上城楼，擂响战鼓，大王所要的甲兵粟米可立即备好。"

魏文侯听了半信半疑，便由西门豹陪同一齐登上了城楼。

当西门豹擂完第一通鼓时，只见邺城军民个个顶盔贯甲，挽弓荷箭，披挂而列。当第二通鼓声擂罢，一支有牛车装载、百姓肩挑背负的运粮大军已立即赶到城楼脚下。

魏文侯看了惊喜不已，对西门豹说："我现在明白了，请下令收兵吧！"

西门豹便摇了摇头，摆手道："不行，我与老百姓之间有约法规定，讲究信誉，绝非一日之功。现在既然已擂动出征的战鼓，却又接着下令收兵，今后邺地的军民就不会听命于我了。"

说到这里，西门豹斩钉截铁地向魏文侯请战："燕国经常侵扰魏国八城，臣请北击，收复失地。"

魏文侯同意了西门豹的请战要求。于是，西门豹带领将士北上击燕国，很快收复了被燕国侵占的土地。邺地也从此成为保卫魏国边境的一道坚固屏障。

总的来说，西门豹作为一个地方官吏，能够以大无畏的精神，智破迷信除恶习，带领百姓兴修水利，发展农业生产，巩固社会基础，确实值得后人景仰，人们都把他看作是春秋战国时期的一位不可多得的地方清官。

晋平公向贤师请教

晋平公作为一位国君，政绩不凡，学问也不错。他在70岁的时候，依然希望多读点书，多长点知识。可是70岁的人再去学习，困难很多，因此，他对自己的想法总是不自信，于是他去询问他的一位贤明的臣子师旷。

师旷是一位双目失明的老人，他博学多智，虽然眼睛看不见，但很有智慧。晋平公问师旷说："您看，我已经70岁了，年纪的确老了，可是我还很希望再读些书，长些学问，又总是没有信心，总觉得是否太晚了。"

师旷回答说："您说太晚了，那为什么不把蜡烛点起来呢？"

晋平公说："此话怎么讲？"

师旷回答说："我听说，人在少年时代学习，就如同早晨温暖的阳光一样，那太阳越照越亮，时间也长久。人在壮年的时候学习，就好比中午明亮的阳光一样，虽然中午的太阳已走了一半，可它的力量还很强、时间也还有很多。人到老年的时候好学，虽然好像到了日暮时分，没有了阳光，可他还可以借助蜡烛啊。蜡烛的光亮虽然不怎么明亮，但总比在黑暗中摸索要好多了吧？"

晋平公恍然大悟，高兴地说："你说得太好了，的确如此！我有信心了。"

士志于道

子曰："士志于道，而耻恶衣恶食者，未足与议也。"

子曰："君子之于天下也，无适①也，无莫②也，义③与之比④。"

子曰："君子怀⑤德，小人怀土⑥，君子怀刑⑦，小人怀惠。"

【注释】

①适：意为亲近、厚待。

②莫：疏远、冷淡。

③义：适宜、妥当。

④比：亲近、相近、靠近。

⑤怀：思念。

⑥土：乡土。

⑦刑：法制惩罚。

【解释】

孔子说："有些人立志于追求真理，但又以自己穿破旧的衣服吃粗糙的食物为耻辱，对这种人，是不值得与他议论的。"

孔子说："君子对天下的事情，没先入为主地规定可以干什么，也没规定不可以干什么，只是按照义来办事。"

孔子说："君子关心的是道德教化，小人关心的是乡土田宅；君子关心的是法度，小人关心的是恩惠。”

孔子认为君子有高尚的道德，他们胸怀远大，视野开阔，考虑的是国家和社会的事情；而小人则只知道思恋乡土、小恩小惠，考虑的只有个人和家庭的生计。这是君子与小人之间的区别。

【故事】

大禹的爱国爱民精神

古代报国思想准确说应该始于夏代，因为从禹建立了夏王朝以后，人们才有了“国家”的概念。禹在建国过程中所体现出来的爱国爱民精神，成为中华民族的精忠报国思想的源头。

那是在帝尧时期，中原洪水为灾，百姓愁苦不堪。鲧受命治理水患，他用堵截的办法治水，用了 9 年时间，结果洪水未平。舜巡视天下，发现一点成绩也没有，就命鲧的儿子禹继任治水之事。

禹接受任务后，立即与百官商议对策。他亲自翻山越岭，淌河过川，拿着绳墨标杆等工具，进行实地勘察，测度地形的高低，树立规划水道。

禹穿着破烂的衣服，吃粗劣的食物，住简陋的席篷，每天亲自手持耒锸，带头干最苦最累的活。几年下来，他的腿上和胳膊上的汗毛都脱光了，手掌和脚掌结了厚厚的老茧，躯体干枯，脸庞黧黑。老百姓见了无不心痛流泪。至今嵩山一带还流传着许多大禹治水的动人故事。

传说，禹治水时，要在介于太室山和少室山之间的轩辕山打出一条疏洪泄流的通道。为了加快挖山的速度，他化为一头神力无比的大黑熊，连推带扒，很快就把山挖掉了大半。尽管民间传说具有神化色彩，但由此也可见禹为治

水患而付出的艰辛和牺牲。

禹为了治水，费尽脑筋，不怕劳苦，从来不敢休息。他路过家门口，听到妻子生产，儿子呱呱坠地的声音，都咬着牙没有进家门。第三次经过的时候，他的儿子启正抱在母亲怀里，他已经懂得叫爸爸，挥动小手，和禹打招呼。禹只是向妻儿挥了挥手，表示自己看到他们了，还是没有停下来。

禹鉴于前辈治水无功主要是没有根据水流规律因势利导，而只采用筑堤截堵的办法，一旦洪水冲垮堤坝便前功尽弃的教训，大胆改用疏导和堰塞相结合的新办法。这就是顺天地自然，高的培土，低的疏浚，成沟河，除壅塞，开山凿渠，疏通水道。

经过 13 年的努力，禹带领人们开辟了无数的山，疏浚了无数的河，修筑了无数的堤坝，使天下的河川都流向大海，终于治水成功，根治了水患。

洪水刚刚退去，一块块平原露出水面，他带领人们在田间修起条条沟渠，引水灌溉，种植粟、黍、豆、麻等农作物，还教人们在地势低洼的地方种植水稻，使农业生产也取得了进步。

禹勤奋地为万民谋利，在天下的威望达到顶点。万民称颂说：“如果没有禹，我们早就变成鱼鳖了，也早就饿死了！”

帝舜称赞禹，正式禅位于禹。禹在诸侯的拥戴下，以安邑为都城，国号夏。当了部落联盟首领的禹更加热爱自己的国家，为夏王朝的长远发展制订了许多新措施。

禹曾在治水的过程中走遍天下，对各地的地形、习俗、物产都了如指掌。于是，他把全国分为9个州，即冀州、兖州、青州、徐州、扬州、荆州、豫州、梁州和雍州。

禹还规定了五服制：帝畿以外五百里的地区叫“甸服”，再外五百里叫“侯服”，再外五百里叫“绥服”，再外五百里叫“要服”，最外五百里叫“荒服”。甸、侯、绥三服，进纳不同的物品或负担不同的劳务。要服，不纳物服役，只要求接受管教，遵守法制政令。荒服，则根据其习俗进行管理，不强制推行政教。

禹为了管理国家还到南方巡视，在涂山约请诸侯相会。涂山位于现在的安徽蚌埠市西。为纪念这次涂山盛会，把各方诸侯部落酋长们送来的青铜铸成九鼎，象征统一天下九州，成为夏王朝之象征。

禹还在视察少数民族地区时，沿途向当地人询问习俗，鼓励农耕，告其农时，播种五谷，教育部族酋长们讲礼仪，知法度，不以强凌弱，和睦相处。同时又宣布，若有不听教化者，要以兵征讨，决不客气。

禹关心百姓的疾苦。他看见穷人把孩子卖了，就把孩子赎了回来；见到有的百姓没有吃的，就让随从把仅有的粮食分给百姓。

有一次，他出门看见一个罪人，竟下车问候并哭了起来。随从说：“罪人干了坏事，你何必可怜他！”

禹说：“尧舜的时候，人们都和尧舜同心同德。现在我当天子，人心却各不相同，我怎能不痛心？”

禹成功治水，建立夏王朝，热爱自己的国家，爱戴天下万民。对于大禹的爱国爱民精神，后人总结出以下几个方面：

一是公而忘私、勤政为民的奉献精神。大禹受命统率全国治水事务，始终以为民造福为己任。大禹 13 年在外，三过家门而不入，是公而忘私执政为民的代名词。

二是革故鼎新、务实求真的科学精神。禹认真总结前人治水教训，组织了全国性的大地测量，精研山水地理，虚心学习各地治水经验，终于提出了改革古道、因势利导的治水方略。

三是艰苦奋斗、坚忍不拔的创业精神。大禹为了治水伟业，吃粗茶淡饭，穿破旧衣服，住简陋房屋。正是他这种身先士卒、艰苦奋斗、坚韧不拔的创业精神，成就了我国历史上第一个人类战胜自然的典范。

四是和谐发展、依法治国的民本精神。大禹在带领人民治理洪患的艰苦历程中，最广泛地接触了人民，最深切地了解了民情，最真切地感受到了人民群众的伟大力量，形成了以“敬民、养民、教民、护民”为主要内容的“民本”思想。

五是谦虚谨慎、廉洁奉公的自律精神。舜评价大禹说：“成治水之功，行声教之言，成就最大。勤劳于国，尽力沟洫；节俭于家，卑宫菲食。谦恭而不自满，可谓贤才之最。备受赞美而不骄，天下无人敢与之争能；不尚征伐而战绩斐然，天下无人能与争功。”

大禹的爱国爱民精神是中华民族的宝贵财富，几千年来，不断被炎黄子孙发扬光大，使大禹精神超越了时代的界限，升华为整个中华民族的精神。

伊尹的济难报国之志

大禹建立的夏王朝到了桀期间，由于夏桀昏庸傲慢，不得民心，那些受尽欺压的平民百姓指着太阳咒骂他：“你几时灭亡，我们情愿跟你一道灭亡！”

桀的大臣们也都盼望夏朝早点灭亡。

这些都被汤看在眼里。汤又叫“太乙”，他是夏王朝在黄河下游的一个属国商国的首领。汤见夏桀腐败残暴，就决心与他争夺天下。

汤一天到晚总考虑怎样推翻桀的计划，一日三餐，马马虎虎，并不留心饭菜质量怎么样。这种情况，早被细心的厨师伊尹看到了。

伊尹出身低微，养父是有莘国厨师。伊尹聪明好学，很有才干，终于学得一身好手艺成为一位名厨。伊尹的烹饪技术十分高超，尤其是擅长精制味美的汤，达到了出神入化的境界，名传四方。

喜爱喝汤的商汤听说后，就派人向伊尹的主人莘氏索要伊尹，遭到了拒绝。商汤不死心，为得到伊尹，不惜向莘国公主求婚，以迎娶不美貌的公主为代价。莘氏答应了，而且让伊尹做女儿的陪嫁物。

伊尹佩服有大志的人，他听说汤有远大志向，高兴坏了，立刻背着烹调用的“玉鼎”和“砧板”跟着去了。从这时起，伊尹就已经不再满足于为国君做那可口的饭菜与酒肴，他更有一颗在政治上的忠君报国之心。

事实上，在伊尹的心目中，经常考虑的是整个国家普天之下的人民的生存状况及命运问题，他认为在商汤管理的范围内，只要还有一个男子或是妇女，没有受到尧舜之道的恩泽的话，就如自己把他们推进沟壑中一样。他把天下个别人的疾苦，视为整个国家人民的疾苦，把天下人民的灾难，视为自己没有尽到拯救的责任。

正因为伊尹有如此广阔的胸襟，强烈的济天下之难的责任心，所以才建议汤踏上了伐夏救民，灭夏兴商的革命大道，而他本人也投身于这场壮丽的事业中。

伊尹知道汤总是惦记着推翻桀的大事。他看在眼里，急在心上，总想找个机会和汤谈一谈自己对这事的看法。于是想出了一个办法来吸引汤的注意，这一次故意把饭菜做得特别咸，下一次又故意不放盐。

汤感到饭菜不顺口，不对味，就叫过伊尹说："你最近做的菜，不是咸，就是淡，是为什么呢？"

伊尹说："大王，这是我在试探您还知道滋味不知道。从今天起，我一定把饭菜做好。不然，大王杀我的头！"

从那以后，伊尹做的饭菜咸淡适度香甜可口，味道很合汤的胃口。汤非常满意，又把伊尹找来说："看来，你的进步很大，做菜的本事果然不凡。"

伊尹连忙借题发挥，有所指地说："大王，这并没有什么值得夸奖的。菜不能太咸，也不能太淡，只要把佐料搭配好，吃起来自然有味。这和您治理国家是一个道理，既不能无所作为，也不能急于求成。只有掌握好分寸关节，才能把事情办好。"

汤听了连连点头，心想："谁能知道，在我的厨房里竟有这样一位难得的人才！"于是，汤立即宣布解除伊尹的奴隶身份，让他做了大臣。

伊尹心怀感激地对汤说："大丈夫生于天地之间，济世安民，忠君报国，乃是男儿所为。"

从此以后，伊尹尽心尽力为汤出谋划策，逐渐成为汤的主要助手。有一天，伊尹向汤建议，鉴于夏桀昏庸残暴，不要再向夏送贡品了。同时，他还建议汤控制一些小国，使他们归附汤。汤采纳了这一计划。

桀不甘心自己的势力范围缩小，就以商国没有进贡为借口，联合起九夷族的力量，气势汹汹地讨伐商国。汤听到这个消息，对伊尹说："现在桀找上门来打仗，我们打还是不打呢？"

伊尹沉思了片刻，然后说："桀这次集中了九夷族的兵力，说明他还有一些战斗力，我看不如避其锋芒，先恢复向夏进贡等以后有机会再说。"

汤立刻派人把贡品送到桀的军营。

桀见了堆积如山的财宝，十分得意，笑着对手下人说："看来，汤还是怕我的呀！"于是，桀带着贡品满载而归收兵回国了。

第二年，商国又不向夏进贡了。桀暴跳如雷，发号施令，集合本国一些军队，觉得不一定能打败商汤，于是想再次召集九夷族一起去讨伐商国。可是，九夷族也逐渐看到了夏桀的种种昏庸表现，已经不愿意为夏朝出兵卖命了。

这时，在夏桀的附属国中，真正能听桀调遣的只剩下昆吾国这一个了。伊尹与商汤分析了这一形势。汤对大臣们说："服从桀的人越来越少，我们只要打败他的最后一个帮手昆吾国，夏亡的日子就不远了。"于是，汤和伊尹率领商国军队北上，迅速打败了昆吾国，消灭了桀的最后一支外围力量。

桀恼羞成怒，带兵倾巢出动与汤决战。商军以逸待劳，早已等候在鸣条这个地方。

伊尹和汤鼓励将士们奋勇杀敌，振奋精神。汤传下法令说："桀做尽了坏事，我们要去讨伐他，大家要听从命令。对杀敌立功的，我要给予重赏，决不食言；对不服从命令的，我也绝不客气！"

将士们下定死战的决心。交战这一天，天刚亮商军就冲了过去，势不可挡，将士们非常勇猛。夏桀的队伍有一部分赶紧逃命，大多数投降了商军。汤乘胜追击，把夏桀赶进安徽南巢山中。夏桀困于山中，由于没有援兵，当地的百姓也痛恨他，最后饿死在南巢山里。

汤率领军队攻入了夏朝的国部，夏灭亡了，汤建立了商王朝，并定都于亳，成为我国历史上第二个王朝。商汤废除了夏的政令，并作《汤诰》告诫诸侯要敬畏上天，修行德政，为民谋利。

伊尹作战勇敢，智慧超群，为汤开国创业立下不少功劳，他由一名当厨师的奴隶，一直成为辅助国君的大臣，后来当上了右丞相。因此，伊尹深受国王的赏识和人民的爱戴。

胸怀报国之心的伊尹不仅辅佐成王开创了商王朝，后来又辅佐成汤的儿子大丁、外丙、仲壬和成汤之孙太甲，为三朝功臣，他主持建造了偃师商城，规范了甲骨文，提出“以德治国”、“任人唯贤”等立国大计，被历代尊为贤相，称“中华第一名相”。

孔子爱国思想的实践

如果说伊尹具有强烈的济天下之难的责任心，那么生活于春秋时期的鲁国的孔子，则在以仁义为灵魂，以天下为己任，济世救民的价值观支配下，在治国方面提出了自己的“仁治”、“礼治”主张。他的这一思想主张，成为当时及后世知识分子报国捐躯的行为准则。

那是在鲁昭公管理国家的时候，鲁国发生了内乱，鲁昭公被迫出逃。孔子也离开鲁国来到齐国，做了齐国执政大夫高昭子的家臣。

有一次，高昭子把孔子推荐给齐景公。齐景公问孔子国君应该如何施行国家政事，孔子回答说：“国君在施行国家政事时，首先是做国君的要像个国君，做臣子的要像个臣子；做父亲的要像个父亲，做儿子的要个儿子。”

齐景公又问施政原则是什么，孔子回答说：“施政最重要的是控制支出，节省财力。”

从此以后，齐景公常常与孔子一起谈论政事，时常约孔子同去郊外打猎，感觉和孔子在一起如沐春风。由于相处日久，教益日深，还给孔子提高了待遇。

有一年春夏两季，齐国滴雨未下，农作物颗粒无收。孔子日夜牵挂灾民，但自己身居客地，也没有办法救济他们。齐景公更是为此心急如焚，要前来向先生请教解救的良方。

孔子说："您如此怜惜百姓，仲尼实为敬服，这也是齐国百姓有福，能遇上这样一位仁德的君主。民为立国之本，一个国君能爱惜百姓，这个国家必能兴盛，就是遇到再大的困难，也是可能战胜的。"

齐景公又问用什么办法来赈济灾民为好，孔子说："过去尧帝时发生过9年水灾，商汤有7年旱灾。水旱灾荒，古代圣明帝王在位，也是无法避免的。尧舜时代，常常遭遇水灾，后来经过大禹治水13年，水灾才慢慢减少了。丘认为最好的赈济办法首先就是免除百姓的苦役，开仓放粮，赈济灾民，然后向丰收的邻国买粮食，并半价转卖给饥民，这叫平粜。最重要的是水旱灾荒必须常年预防，不可临渴掘井。"

齐景公担心杯水车薪解决不了问题，孔子说："丘的想法，就请国君劝导那些富足的官家，每户拿出数十石，就可以救活一批灾民。”

齐景公于是决定召集大夫出粮赈灾，孔子又说：“开仓放赈，容易被一些昧着良心的人从中作弊，即使国君拿出了粮食，饥民所得无几，因此必须选派贤德的大夫去做才是！”

就这样，齐国上下都投入了赈济灾民的热潮之中。孔子因此在齐国百姓中享有盛誉。

孔子主张用“仁爱”的方式治理天下，在齐国施教的影响越来越大，但一些大臣嫉妒孔子之心也日渐强烈，一次又一次地在齐景公面前贬低孔子。由于坏话说得太多，齐景公的态度也慢慢转变了。

这一天，孔子的弟子南宫适差人送来书信，信中介绍了鲁国政治已趋稳定的情况。孔子阅信后，更有归国之意，就对弟子子路说：“我离开鲁国已是数年，鲁国毕竟是父母之邦啊！”

于是，孔子启程归国，时年 38 岁。

当时的鲁国，政权实际掌握在大夫的家臣手中，被称为“陪臣执国政”，因此孔子虽有过两次从政机会，却都放弃了。直至公元前 501 年，孔子被任命为中都宰，此时的孔子已经 51 岁了。

在中都宰的位上，孔子与他的弟子们做了很多的事情，卓有成效。有一次，鲁定公问孔子，能不能用治理中都的办法治理鲁国，孔子回答得相当有信心：“用我的方法治理天下都可以，何况只是一个鲁国呢？”

于是，一年之后，孔子便被另任为司空，接着再任为大司寇。这样，孔子参与政治的抱负终于实现了。

孔子在任司寇时，强调“仁治”“礼治”的教化作用，反对滥施刑罚。比如，有一次在处理父子诉讼案时，面对父亲告儿子不孝、儿子告父亲打人的控告，问清情况的孔子并没有立即判谁的罪，而是把他们监管起来让他们各自反省。等到都想通了并且各自找到了自己的不对之处，孔子竟然把他们全部释放，结果是自此父慈子孝，连个口角也不再发生。

当时的当政者季桓子对此提出批评，认为孔子是背离以孝治民的道路。但是孔子仍然坚持自己的做法，认为为政者要做表率，反对不教而诛，主张不杀无辜、不滥施刑罚。

还是在孔子的司寇任上，有一次从衙署下班回家，路上听到了马厩失火的消息。他首先关心和问及的，是人有没有受伤，而没有问及马匹及财产的损失情况。

虽然这只是一件不大被人注意的小事，却也反映着孔子内心深处的“仁爱”的思想，体现了对于人的重视，而且危急时刻，更能够看出人的根底的善恶。

作为全权负责公检法的官员，处理案件，审判官司，当然是他的首要任务。在完成这一任务的时候，他一改以往由贵族官吏根据惯例专断判决的习惯，而是从“仁”的精神出发，将民主的东西引进诉讼。将凡与案件有关的人员找来谈话，一一问询他们的意见，然后他再根据大家的意见做出分析，做出正确的判断。

孔子也注重诚信。据《论语·颜渊》记载，有一次孔子弟子子贡问老师说：“如果迫不得已必须要从粮食、军队与武器、百姓的信任三项中去掉一项，那么去掉哪项合适呢？”

孔子坚定地回答：“去掉军队与武器。”

“在粮食与百姓的信任二者中去掉一项，去掉哪一项？”孔子回答：“去掉粮食。”

孔子的这个回答很经典，以至于成为后世朝廷共同标榜的原则：没有粮食不过饿死，但如果人民对朝廷失去了信心，国家是立不起来的，也就会完了。

在为官方面，孔子为古代的知识分子带了一个好头，那就是有原则、有思想，真做官、做好官，而且是认真做官。

公元前500年夏天，孔子陪同鲁定公参加了齐、鲁两国夹谷之会。这是他政治生涯中最为光彩的一页，集中体现了他的“礼治”思想的精髓。

在盟会上，齐国大夫犁弥鼓动齐景公用武力劫持鲁定公。孔子带着鲁定公往后退，并命令随从道：“士兵们，快拿起武器冲上去！”

孔子转头对齐景公说：“两国国君友好会见，而华夏之地以外的夷人俘虏却用武力来捣乱，这不是齐国国君命令诸侯会合的本意。华夏以外的人不得图谋中原，夷人不得触犯盟会，武力不能逼迫友好。这样做对神灵是不吉祥的，对德行也是伤害，对人却是丧失礼仪，国君一定不会这样做。”

齐景公听了孔子这番话后，急忙叫劫持鲁定公的人避开。

即将举行盟誓时，齐国人在盟书上加上了这样的话：“一旦齐国军队出境作战，鲁国如果不派300辆兵车跟随我们，就按此盟誓惩罚。”

孔子作揖回答说：“如果你们不归还我们汶水北岸的土地，却要让我们供给齐国的所需，也要按盟约惩罚。”

齐景公准备设享礼款待鲁定公。享礼是当时使臣向朝聘国的君主进献礼物的仪式。

孔子对齐国大夫梁丘据说：“齐国和鲁国从前的典礼制度，您怎么没听说过呢？盟会的事已经结束了，而又没有设享礼款待，这是让办事人辛苦了。再说牺尊和象尊不出国门，钟磬不能野外合奏设享礼而全部具备牺象钟磬，这是抛弃了礼仪；如果这些东西不备齐，那就像用秕稗来款待，是国君的耻辱；抛弃礼仪则名声不好。您为什么不好好考虑一下呢？享礼是用来发扬光大德行的。不能发扬光大，还不如不举行。”

最后，齐景公只好打消举行享礼的想法。夹谷之会以后，鲁国的地位有所提高，孔子的影响也有所扩大。

孔子56岁那年，又由大司寇，代理相国职务。他参与国政仅仅3个月，鲁国的风俗就大大变了样。孔子的事业和影响越来越大。

孔子的成就使齐景公感到害怕，齐景公特地挑了 80 名美貌的女子，让她们穿上华丽的衣服，教她们学会舞蹈，加上 120 匹骏马，一起送给鲁定公，以腐蚀他的意志。这一计果然奏效，鲁定公沉湎于娱乐之中，不再过问政事了。

孔子的学生子路见到这种情况，便对孔子说。“老师，我们可以离开这里了吧！”

孔子一直对自己国家有着深深的爱，即使是在“礼崩乐坏”的现实面前他心里还抱有最后一线希望。于是回答说：“鲁国现在就要在郊外祭祀，如果能按照礼法把典礼后的烤肉分给大夫们，那我还可以留下不走。”

结果，鲁定公违背常礼，没把烤肉分给大夫们。孔子深感在这种“礼崩乐坏”的情况下，政治抱负难以实现，于是辞去职务，带领一批弟子，踏上了周游列国的旅途。

孔子和他的弟子们先后到过卫、宋、郑、陈、蔡、楚等国，本想宣传自己的政治主张，说服各诸侯国的当政者实行礼治仁治，然而终无一国接受，最后返回鲁国。

孔子返回鲁国后不再求仕，把自己的全部心血用在了文化教育上。他努力搜集整理国家历史上的文化典籍，删《诗》《书》，定《礼》《乐》，修《春秋》，作《易传》。这些文献，不仅在我国，而且在世界上都是十分难得的文化瑰宝。

孔子晚年时期的最高理想称之为“大同”。在大同的世界里，天下没有欺诈，没有盗贼，路不拾遗，夜不闭户，人人讲信修睦，选贤举能，大道之行，天下为公。老有所终，壮有所用，孩子们都能获得温暖与关怀，孤独的人与残疾者都有所依靠，男人各自有自己的事情，女人有满意的归宿。

孔子“仁治”“礼治”的思想与实践，在历史上占有重要地位，并对后世产生了深远的影响。它与“大禹精神”一起，成为中华民族精忠报国精神的源泉，激励着一代又一代中华民族的优秀儿女为人民的福祉、国家的强盛而努力奋斗。

寇母遗训寇準知错

寇準是北宋政治家、诗人。他出身于书香门第，他的父亲寇相学问非常好，曾在一个贵族府第做秘书一类的小官。寇準出生后不久，父亲就去世了，因此家境贫寒，但寇母十分重视寇準的学习。少年时的寇準，聪明好学，从书本上学得许多知识和道理。

母子生活全靠母亲织布为主，寇母常常在深夜一边纺纱一边教寇準读书，督导寇準苦学成材。后来，寇準进京应试，得中进士。喜讯传到家乡，寇準的母亲已身患重病，临终时，她将亲手画的一幅画交给家人说：“寇準日后必定做官，如果他有错处，你就把这幅画给他！”

后来，寇準做了宰相，为庆贺自己的生日，大摆寿筵，准备宴请群僚。家人认为时机已到，便把寇母的画交给他。寇準展开一看，见是一幅《寒窗课子图》，画幅上面写着一首诗：

> 孤灯课读苦含辛，望尔修身为万民；
> 勤俭家风慈母训，他年富贵莫忘贫。

这原来是母亲的遗训，寇準再三拜读，不觉泪如泉涌。于是立即撤去寿筵。从此以后，寇準洁身爱民，秉公无私，成为宋朝有名的贤相。

小司马迁玑珠满腹

司马迁，陕西韩城人，生于公元前145年，是西汉伟大的史学家、文学家和思想家。他用毕生的精力给后人留下了历史巨著《史记》。4岁进书院，7岁能把145篇《国风》倒背如流。

司马迁家是史官世家，父亲司马谈在司马书院教书，4岁的司马迁已是书院的学生。一天，司马谈授完课后，想考查一下学生的学习效果，于是，便叫王聪背诵《诗经·唐风》中的《蟋蟀》一文。

王聪开始背诵："蟋蟀在堂，岁聿其莫。今我不乐……"下面想不起来，便用胳膊碰了碰同位的司马迁，司马迁会意，小声告诉王聪："日月其除。"王聪接着背："日月其余。"司马迁碰了碰王聪说道："不对，是日月其除，不是日月其余。"王聪接着背："日月其除。无已大康，职思其居。好乐……"下面又背不出来，又用胳膊碰了碰司马迁。

司马迁小声告诉他："好乐无荒，良士瞿瞿。"

王聪接着背："好乐无荒，良士瞿瞿。"

两人的小动作被眯着眼的司马谈发现。

于是便说："王聪，学习本是一件苦差事，不下苦功，怎能学到知识？不会就是不会，不能弄虚作假，知道了吗？"

王聪低头说："知道了。"

司马谈接着说："知错就改才会有进步。你要认真刻苦，明天还要叫你背，坐下吧。"

司马谈将目光转向司马迁，厉声说道："你全都会背了，是不是？来，从头到尾，将学过的这5首诗给我全背出来！若背错一个字，看我怎么处置你！”

司马迁站起来开始背诵，背完之后又继续背另一首：“蒹葭苍苍，白露为霜。所谓伊人，在水一方。”

司马谈听他背的这一首还未学过，便说：“好了！好了！你怎么将未学过的这一首也背出来了？”

司马迁回答：“您不是常说饱学方能为士吗？”

司马谈内心欢喜，却绷着脸说：“好了，好了，今后上课不准多话！”

司马迁年幼好学，不但勤奋，而且聪明绝顶，远近都知司马谈的儿子司马迁是史官世家后代，从小就玑珠满腹。

一次，外祖父杨鼎带年仅 7 岁的司马迁出席乡间文人的文学聚会，席间，一位 40 岁左右的儒士杜明把司马迁叫到眼前问：“你今年 7 岁，对吧？”

司马迁回答：“是呀！”

杜明又说：“听人讲，你能把 145 首《国风》全部背出来，这是真的吗？”

司马迁落落大方地说：“那还有假。”

杜明想当场验试，便说：“那能不能请你来背给我们大家听听？”

司马迁干脆地说：“当然可以。但不知杜先生是要我顺背还是倒背？”

司马迁语出惊人，在场之人无不愕然。周围的文人学士也都慢慢地靠拢过来，把这张桌子围得水泄不通。

司马迁却不慌不忙地站到一把椅子上，非常熟练地倒背起来：“第 145 首，七月流火，八月授衣，一之日觱发，二之日栗烈。无衣无褐，何以卒岁？……”

司马迁声调抑扬顿挫，周围文人不由啧啧称道：“嗯，真有水平！”

司马迁越背越有劲，145 首《国风》在众人的掌声中全部倒背下来，众人无不惊呼：“奇才！奇才！”

从此以后，司马迁更加努力学习，10 岁时，便随父去了京都长安。在严父的教导下，他遍读史书，又在父亲的熏陶下，立志做一名历史学家。

长大后，司马迁遍游祖国各地，了解了各地历史和风土人情，这为日后编写史书提供了充足的史料。

做太史令后，他常随皇帝在全国巡游，搜集了大量的历史资料。他还遍读宫廷藏书，最后运用所学及掌握的大量史料，历时10年编写了历史巨著《史记》。

《史记》共120篇，约50万字，记述了从黄帝到汉武帝3000年的历史，被鲁迅称为“史学之绝唱，无韵之离骚。”对后世史学和文学有深远的影响。

不患无位

子曰："放[1]于利而行，多怨[2]。"

子曰："能以礼让为国乎？何有[3]？不能以礼让为国，如礼何[4]？"

子曰："不患无位，患所以立[5]。不患莫[6]己知，求为可知也。"

【注释】

①放：同仿，引申为追求。

②怨：别人的怨恨。

③何有：全意为"何难之有"。

④如礼何：把礼怎么办？

⑤立：立身的才学。

⑥莫：没有人。

【解释】

孔子说："为追求个人利益而行动，就会招致很多的怨恨。"

孔子说："能够用礼让原则来治理国家，那还有什么困难呢？不能用礼让原则来治理国家，还要礼干什么？"

孔子说："不担忧没有职位，只担忧没有能够胜任职位的本领；不怕没有人知道自己，去追求足以使别人知道自己的本领好了。"

这是孔子和学生经常谈论的问题，是他立身处世的基本态度。孔子希望他的学生必须首先立足于自身的学问、修养、才能的培养，具备足以胜任官职的各方面素质。

【故事】

孔子首倡重义轻利

见利思义，是中华民族的重要传统美德。“见利思义”，出自《论语·宪问》：“见利思义，见危授命，久要不忘平生之言，亦可以为成人矣。”意思是说：见到财货利益能想起道义，危亡关头不惜献出生命，长久处于困境而不忘记平生的诺言，就可以算是正人君子了。

由于孔子“见利思义”的道德观点，恰当地处理、准确地概括了义与利这一社会生活伦理的本质关系，所以，被后世奉为基本道德规范，传承至今。

孔子，春秋时期鲁国陬邑人，陬邑就是现在的山东曲阜市南辛镇。孔子是古代的大思想家和大教育家、政治理论家，儒家学派的创始人。在先秦思想家中，孔子是第一个提出重义轻利、先义后利主张的人，提倡“不义毋利、见利思义、义中取利”。这是孔子义利思想的基调和主流。

孔子提倡“不义毋利”。他说：“只要粗茶淡饭，喝喝白开水，弯起膀子当枕头，酣睡一觉，人生也会快乐无穷；不符合道义的富贵对于我来说，就像天上的浮云。”

孔子是这样说的，也是这样做的。他是当时的大学问家，也有很强的理政能力。按理说，他这样的水平，做一国宰相之类的官员，求得一些名利地位是不成问题的。但他坚持自己的信仰和做人的原则。

孔子自 20 多岁起，就对天下大事非常关注，经常思考治理国家的诸多问题，也常发表一些见解，到 30 岁时，已有些名气。

公元前 501 年，孔子被鲁定公姬宋任命为中都宰。中都就是现在的山东汶上县。孔子治理中都一年，卓有政绩，被升为小司空，不久又升为大司寇，主掌司法大权，同时兼理百官，鲁国大治。

春秋时期社会动荡，周王室的典章制度受到冲击。鲁国是周王朝的同姓诸侯国，鲁定公在变革的社会形势下，不思进取，受佞臣蛊惑，多日不理朝政，又在祭祀时违背常规，致使臣民生怨。这与孔子的信仰和做人原则大相径庭，孔子非常失望。

面对“礼崩乐坏”的局面，孔子为了坚守心中恢复周礼这个“义”，辞去大司寇之职这个“利”，离开鲁国，开始了周游列国的旅程。

孔子提倡“见利思义”，并把它作为一个人成熟的首要条件。孔子要求，看见对自己有利的事，能多考虑一下义的方面。“义”就是看看这个“利”是不是合情、合理、合法。

有一次，孔子的弟子子路看见一个孩子掉进水里，他没有思考及多问，就纵身跃进水里，救上了孩子。孩子的父亲很感谢子路，就送了子路一头牛，以表示感激之情。

在当时，牛是人们用于耕作的主要畜力，价格是很贵的。人们听说了这件事，有人说子路贪心。孔子了解了事情的经过后认为，子路在救人前并没有想到会有一头牛的奖赏，只是对于奖赏的结果，他高兴地接受了。子路所得之“利”，是合情、合理、合法的。

因此，孔子称赞子路说：“你这样做是对的，不是贪心。你的做法能激励更多的人去救那些处于困境的人，而解救他人，理所应当得到报偿。”

孔子之所以表扬子路，前提是子路救人不是为了牛，而是救人在先，受牛在后，认为他应该得到这种品德和物质方面的双重表彰。这就是说，富贵和名利地位，必须要靠诚实劳动和光明正大去获得。如果不可求，则安分守己、安贫乐道，做好自己应该做好的工作，过好自己应该过的生活。

由此可见，“见利思义”既有精神的，也有物质的，并可以引导人们见义勇为，从而在全社会形成一种良好的风气。这是孔子“见利思义”思想的核心价值所在。

孔子并非一概反对富贵和名利，只不过是希望通过正当的渠道去获得。这就是他的“义中取利”观点。

春秋时期，鲁国制订了一条法律，如果鲁国人在外国看见自己的同胞被卖为奴婢，只要他们肯出钱把人赎回来，那么回到鲁国后，国家就会给他们以赔偿。这条法律执行了很多年，很多流落他乡的鲁国人因此得救，因此得以重返故国。

孔子有一个弟子叫子贡，他是一个很有钱的商人。他情愿自己出钱，从国外赎回来很多鲁国人，却拒绝国家的赔偿，没有到朝廷部门去报销。因为他自认为不需要这笔钱，为国分担赎人的负累。

孔子知道了这件事，却很不高兴，说子贡此举伤天害理，祸害了无数落难的鲁国同胞。他指责子贡说：“你这样做，人们就不会去赎回奴隶了！”

接着，孔子给子贡讲其中的道理：世上万事，不过义、利两字而已，鲁国原先的法律，所求的不过是人们心中的一个“义”字，只要大家看见落难的同胞时能生出恻隐之心，不怕麻烦去赎这个人，去把同胞带回国，那他就可以完成一件善举。

而事后国家会给他补偿，目的就是让这个行善举的人不会受到损失，而且能够因为他心中的“义”而得到大家的赞扬，长此以往，愿意做善事的人就会越来越多。所以这条法律是善法。

孔子认为，子贡的做法虽然也是做了好事，但却没有按政策办，到国库去报销赎奴的钱，人们虽然夸他做好事不留名，但客观上没有将这种美德发扬光大，不能让人看到这种好的行为并有一个好的结果。往后那些赎人之后去向国家要钱的人，不但可能再也得不到大家的称赞，甚至可能会被国人嘲笑，责问他们为什么不能像你一样为国分忧。

最后，孔子对子贡说：“你的赎人之举，是公民的一种义务，没有必要遮遮掩掩地怕人议论，不去领取该得的奖励。这种做法是把‘义’和‘利’对立起来了，所以不但不是善事，反倒是最可恶的恶行。”

孔子的一番精辟论述，子贡听了如醍醐灌顶，茅塞顿开，不但深刻地认识到了自己的错误，也对什么是“义”，什么是“利”，有了更清醒的理解。他更加佩服老师的才学了。

这件事说明，孔子是赞成善举得到酬报，不让行善之人蒙受损失的。

对于“义”和“利”，孔子认为两者是统一的，是不可分割的有机整体，正是由于符合道义，所以人们才能获得长久的利，正是由于存在着利益，所以人们才能做更多符合道义的事。正是把利与义相互结合，社会才会更和谐，国家才能长治久安。

后世的人们基于孔子的义利思想，把一切有利于国家发展、民族复兴、社会和谐、人民幸福的政策、法律、道德原则，都归为“义理”，维护这样的“义理”的行为，都属于“义举”；反之，则属于不义之理和不义之举。

由此可见，孔子的义利思想，无疑是一种相当高尚的道德思想，具有开启先河的重要历史作用。对古代良好的国民风气的形成，知识分子的人格塑造，以及良好的社会经济秩序的建立，都产生了积极而深远的影响。

孟子提倡舍生取义

继孔子之后，孟子继承和发扬了孔子的义利思想，并对儒家思想的发展做作出了巨大贡献，被后世的人们尊为“亚圣”。

孟子，邹国人，即现在的山东省邹城。战国时期伟大的思想家、教育家、政治家、文学家、雄辩家。儒家的主要代表之一。曾受业于孔子的嫡孙子思。是子思的弟子。

孟子特别推重“义”。他在《鱼我所欲也》开篇即用一个比喻，表述了他“舍生取义”的思想：“鱼，我所欲也；熊掌，亦我所欲也。两者不可得兼，舍鱼而取熊掌者也。生，亦我所欲也；义，亦我所欲也。二者不可得兼，舍生而取义者也。”

意思是说：鱼是我想要的，熊掌也是我想要的，如果这两者不能同时都得到，那么，我会舍掉鱼而选择熊掌了。生命是我想要的，大义也是我想要的，如果两者不能同时得到，我就舍弃生命，而选择大义。

显然，在生命与“义”的天平上，孟子是向“义”倾斜的，甘愿“舍生取义”。

孟子主张“舍生取义”，不是因为他认为生命不重要，而是因为他认为世间有比生命更重要的东西，这就是“义”。他曾经说道：

有比生命更重要更值得倾情更值得献身的，我就会放弃生命；

有比死亡更可恶更令人痛恨更令人恶心的，我就会选择死亡。

可见孟子把“义”看得太重要了。

孟子的“义”是什么呢？他打了一个比喻：“一箪食，一豆羹，得之则生，弗得则死，呼尔而与之，行道之人弗受；蹴尔而与之，乞人不屑也。”

意思是说：一筒饭，一碗汤，得到它就能活下来，得不到就会死去，如果有人不顾你的尊严有辱人格地呼唤你给你吃，即使是行路饿极了的人也不会接受的；有人用脚踢你踹你再给你饭吃，你就是讨饭的，这样的食物你也会拒绝。

“义”是和人格尊严一样的东西，或是比人格尊严更重要的东西。这是每个人都应该追求的大义。而对于执政者来说，义就是仁义治国。在治国方面，执政者更应该重义轻利。

孟子为了推行仁义治国的主张，他奔波于各国，“以身任天下”的大义之志，向世人展现了“宠不惊而辱不屈”“生死当前而不变”的仁义情怀。

孟子曾经到中原大梁的魏国推销自己的仁政主张。魏惠王跪在案子后面，两鬓斑白，问孟子道：“老先生，你不远千里而来，一定是有什么对我的国家有利的高见吧？”

当时的魏惠王并没有

认识到自己穷兵黩武的错误，没有认识到国君的责任首要在于“敬天保民”、富民教民。孟子勇敢地、超前地主张“民为贵，社稷次之，君为轻”，对于魏惠王的做法自然反感。

孟子大义在胸，是个敢于横眉冷对的人。所以当即斥责魏惠王说：“你们天天嚷嚷着利，却不谈义！”

魏惠王见孟子不许讲利，就发牢骚说：“即使讲义，那么我治理国，也算讲义的。黄河以南发生饥荒，我就把灾民移于黄河以东，这不是义吗？当黄河以东发生饥荒，我也是如此。我调剂粮食，迁移灾民等，邻国的政治，还不如我呢！”

孟子说：“您这是五十步笑百步啊！您和您的邻国都不怎么样。关键是你没有仁政。只有仁者，才能无敌于天下！”

魏惠王也来了精神，说：“请先生教诲。”

孟子给魏惠王提出3条建议：第一是“不违农时”；第二是“不要用细密的渔网在池塘里捕捞小鱼，这样才会有更多的鱼”；第三是“可以在一定的时间内砍伐林木，但不要乱砍滥伐”。

在这三条中，第一条是要求遵照和利用自然规律以发展生产，不在农忙时征兵打仗，也不搞长官意志瞎指挥扰乱生产；第二第三条反对竭泽而渔、乱砍滥伐，是要求合理使用资源，保护生态环境，是要走一条促进民丰国富的“可持续发展”的道路。

此外，孟子还提出其他具体办法，比如：在5亩的宅基地旁边种上桑，50岁的人就可以穿帛了。100亩的自耕地，也不要夺其时，全家几口就不会饿死了。然后大家聚起来，讲孝顺的道理，仁义的理念等。

孟子的这些主张，不外乎是安定人民、富裕人民、教育人民的。然而，魏惠王并没有采纳孟子的这些建议，而他的儿子魏襄王也没有这样做。

孟子见魏襄王依然像他的父亲一样“不似人君”，就离开了魏国。孟子听说齐国有一个“稷下学宫”，是个读书人聚集的地方，于是就前往齐国。

此时齐宣王继位不久，增修了父亲齐威王留下的临淄稷门外的稷下学宫。著名学者如邹衍、淳于髡、田骈、慎到等76人，都被齐宣王安排在这里讲学。这里聚集的名闻天下的学者，达数百人之多。

齐宣王在雪宫接见孟子。孟子对他说：“当国君的关键是做仁义道德的表率作用，引导全国人民提高仁义道德水准，全国人都仁义了，国家就大治了。这就是王道。”

齐宣王忐忑不安地问：“像我这样的人，能修炼仁义，保民而王吗？”

孟子说：“仁政实行起来，就像捡起一根羽毛，折断一根树枝那么容易，您当然可以。上次，我看见您祭祀的时候热爱动物，不忍看见老牛哆嗦，这是仁心发现啊，这就是君子啊，君子远庖厨嘛！”

孟子和齐宣王谈论了如何施行仁政、不贪恋财物女色、官员管理，以及如何看待当时各诸侯间的战争等问题，齐宣王受益匪浅。于是，齐宣王授予孟子客卿的高位，事事请教。

孟子出门就有好几百人跟着。孟子受到齐宣王前所未有的礼遇。

齐宣王向孟子学起了仁政，并且从身边做起，从一点一滴做起。首先对自己的亲戚行仁义，把自己的老弟、大贵族田婴封为相邦。还组建了庞大的王家乐队，以礼乐推广孟子的仁政。

孟子还曾奔波于滕国、鲁国等诸侯国，与各国的国君或重臣讨论以仁治国，如何重“义”的问题，竭力倡导“先义而后利”，培养“配义与道”浩然正气。

孟子的“舍生取义”道德观念，是鼓舞志士仁人为民族大义献身的重要精神力量，是崇高道德人格的光辉写照。在几千年漫长的历史中，成为了中华民族虽历经磨难而能巍然屹立的最重要的精神支柱。

墨子坚持苦行为义

春秋战国时期的义利之争是一个时代命题，也是先秦时期诸子普遍关注的话题。除了孔子、孟子对“义”和“利”的阐释和亲身实践外，墨子继他们之后创立了墨家学派，这一学派对“义”和“利”也有自己的认识。

墨子，战国前期小邾国人。小邾国就是现在的山东省滕州。他好学深思，苦读博览，是战国时期著名的思想家、教育家、科学家、军事家、社会活动家。

墨子经过长时间艰苦的探索与实践，形成了独具特色的“义”“利”观，即“以德为先”“身体力行”，实现“兼相爱、交相利”，国泰民安的理想社会。

要实现这一崇高理想，教育就肩负着重大的使命。墨子认为，教育是一种“为义”的活动。教育可以培育出有德之人，使人认识义的重要性。

当人们意识到行义不但能使自我受益，也可以给整个社会带来公义，那么人们也就会乐于从事行义的活动了。

有一次，有一个游历到墨子门下的人，身体很好，思虑敏捷，墨子想让他跟随自己学习。墨子对他说：“姑且学学吧，我将让你当官。”

用好言好意勉励他后，他答应学习。这个人学满一年，就向墨子求官职。墨子说：“我其实不能让你当官。”

这个人问：“当初你说让我当官的呀？”

墨子说：“你听说过一个鲁国的传说吗？鲁国有兄弟五人之家，他们的父亲死了，那个长子嗜好喝酒而不肯出资安葬父亲。他的 4 个弟弟说：‘你出资替我们安葬父亲，我们会为你买酒的。’用好话劝勉之后长子安葬了父亲。葬后长子就向他 4 个弟弟要酒。4 个弟弟说：‘我们不能给你酒。你安葬你的父亲，和我们安葬我们的父亲是一样的，你安葬的哪里仅仅是我们的父亲？你不安葬那么人家将会嘲笑你，因此我们劝勉你安葬。’”

墨子最后和这个人说道：“现在你需要行道义，我也需要行道义，哪里只有我一个人讲道义的？你不学习，那么人家将会嘲笑你，所以我当初只是为了劝勉你学习。”

墨子不仅仅是注重“义”“利”观的教育，把劝学当作素质教育的重要内容，还把行义看得重于一切，“万事莫贵于义”。

墨子本人曾经止楚攻宋，楚惠王打算以书社封墨子，越王也打算以吴之地方五百里以封墨子，但墨子都没有接受。此“义”举被传为美谈。

墨子对弟子更是要求用“义”来处理人们的各种利益关系和社会关系，要求其在生死、贫富、亲疏面前，必须以“义”为原则做出选择，即谓：“不义不富，不义不贵，不义不亲，不义不近。”

墨子曾经使人到卫国做官，去做官的人到卫国后却很快回来了。墨子问他为什么回来，那人回答说：“卫国与我说话不合。说给我1000盆的俸禄，却实际给了我500盆，所以我离开了卫国。”

墨子又问：“如果给你的俸禄超过1000盆，你还离开吗？”

那人答道："不离开。"

墨子说："既然这样，那么你不是因为卫国说话与你不合，而是因为俸禄少。"

墨子接着说："世俗的君子，看待行义之人还不如一个背粟的人。现在这里有一个人背着粟，在路边休息，想站起来却起不来。君子见了，不管他是少、长、贵、贱，一定帮助他站起来。为什么呢？说这是义。现在行义的君子，承受先王的学说来告诉世俗的君子，世俗的君子，即使不喜欢不实行行义之士的言论也罢，却又加以非议、诋毁。这就是世俗的君子看待行义之士，还不如一个背粟的人了。"

后来，墨子又派弟子高石子到卫国从政。卫君给予高石子优厚的俸禄，安排在卿的官位上。高石子 3 次朝见卫君，每次都详述墨子的治国方略，卫君只是点头称好，却不采纳实行。

因此，高石子辞官回去，向墨子汇报说："以前先生讲过，天下无道，仁义之士不该处在厚禄之位。现在卫君因老师您的缘故给我很高的待遇，我不愿在那里贪图俸禄和官位。"

墨子听了很高兴，就对得意的大弟子禽滑厘说："背义而向往俸禄的人很多，拒绝俸禄而向往义的人很少。高石子就是为义背禄之人。"

从墨子对高石子离卫的举动大加赞赏并悉心劝慰的情况，我们也可以看出墨子"义胜于利"的价值观和"从道不从君"的思想。

墨子除聚徒讲学、组织团体之外，还周游列国。有一次，他的弟子问他："先生见到各国之君说什么呢？"

墨子答道："每到一国，必须选择那些急需的事先讲。国家混乱则语之尚贤尚同，国家贫穷则语之节用节葬，国家喜好声乐沉迷于酒色则语之非乐非命，国家淫僻无礼则语之尊天事鬼，国家抢夺侵凌则语之兼爱非攻。"

墨子是这样说的，也是这样做的。他四处奔走，“上说诸侯，下教民众”，席不暇暖，摩顶放踵，东北游齐国，西游卫国和郑国，南游宋国、蔡国、楚国和越国。

有一次，墨子从鲁国到齐国，探望了老朋友。朋友对墨子说：“现在天下没有人行义，你何必独自苦行为义，不如就此停止。”

墨子说：“现在这里有一人，他有 10 个儿子，但只有一个儿子耕种，其他 9 个都闲着，耕种的这一个不能不更加紧张啊！为什么呢？因为吃饭的人多而耕种的人少。现在天下没有人行义，你应该勉励我行义，为什么还制止我呢？”

墨子曾经多次对弟子讲解义与利的关系。他说：“义，利也，万事莫贵于义。”为义就是要“兴天下之利，除天下之害”，把“国家百姓人民之利”作为衡量价值高低的标准。要“兼相爱，交相利”，做到“兼而爱之，从而利之”。也就是说，为百姓、国家做好事，就是“义”，百姓、国家得到了好处，就是“利”。

墨子用利来规定义的内涵，把仁、义和爱的道德观念同利益、功利直接联系起来，表现了义利统一和重视功利的思想。

墨家弟子为“义”却可舍去一切。《墨子·大取》记载：

> 砍断指头和砍断手腕，如果两者利于天下相同，那就无所选择了。生和死，如果两者利于天下相同，那也就无所选择了。

墨家的贵义精神，既有平治天下的怀抱，也有大侠的义行，更有见义勇为、舍己为人的勇于牺牲精神。这种精神融于墨家学派的深层结构之中，并在其中薪火相传，代兴不辍，对中华民族优良品格的形成产生着深远的影响。

韩非坚持国家大义

韩非是先秦诸子中颇具影响的法家学派代表，法家思想的集大成者。韩非为了坚持国家大义，宁可放弃道德肉体的价值。他用自己的亲身实践证明了这一点。

韩非是“战国七雄”韩国国君之子，战国末期韩国人，其范围即现在的河南省新郑市。

公元前280年，韩非出生在一个王室家族，但不幸的是，这个家族管理的是“战国七雄”中最弱的韩国。

在当时，声名远播的学术大师荀子正在楚国的兰陵开班讲学，四方学子慕名而去，韩非也加入到了求学者的行列。在求学期间，韩非结识了李斯。韩非文章出众，连李斯也自叹不如。

荀子是儒家八派中“荀学”的创始人，他的思想体系非常全面。若干年后，韩非学成，告别恩师踏上了回国的道路。

韩非以国家大义为重，目睹战国后期的韩国积贫积弱的现状，非常痛心。因此，他在回国以后多次上书韩王，希望改变当时治国不务法制、养非所用、用非所养的情况。

然而，韩非的主张始终得不到采纳。他只好退而著书，写出了《孤愤》《五蠹》《内外储》《说林》《说难》等著作。此时韩非的思想已经臻于澄明。

韩非的书传到秦国，秦王嬴政读了其中的《五蠹》《孤愤》之后被深深吸引，总是为他的形象魂牵梦绕。秦王曾经说：“我若能会见这位作者，和他交流谈论，便足慰平生了！”

战国后期的兼并战争在如火如荼地进行着，强者走向更强，弱者表现出不同形态的衰弱。

公元前234年，秦王派一支精锐的骑兵部队来到韩国的边境。但不是要韩国的土地和城池，而是要求把韩非献出来即可。

大军压境，韩国的君臣一筹莫展，最后想到了割地。当听说秦国只要韩非，如同抓到了救命稻草，就马上把韩非找出来送给了秦国。

韩非知道自己被韩国作弄，但他仍然心念祖国大义。为了韩国的利益，他一到秦国，就给秦王写了一封书信，这就是被后人称为《存韩》的这篇文章。

韩非在信中将韩国描绘成秦国的标准仆从国，出则为遮蔽，入则为枕席，为了秦国的利益竟干一些出力不讨好的事情，韩非竭尽全力使秦王相信秦国的最大敌人是赵国。说了这些后，韩非得出的结论是：秦国留着韩国有百利而无一害，不如领着韩国一起对付赵国，待击败赵国之后，天下自然就是秦国的天下。

就在秦国所有大臣对韩非结论表现沉默的时候，李斯作出了反应，他认为这是韩非的“障眼法”。

李斯认为，韩非开篇就先入为主地认定韩国一直是秦国忠贞不贰的仆从国，然后用大量篇幅以此为前提推导出保存韩国对秦国的好处，这是站在了韩国立场上说话。因此，他也给秦王上了一封书信。

在信中，李斯认为韩国并不是秦国忠贞不贰的仆从国，而是秦国的心腹之患。韩国的所作所为，都是为了将秦国的祸水引向其他国家，韩国偶尔追随秦国，也是为了避免灾难，贪图好处。最后，李斯得出了与韩非截然相反的结论：存韩误国，擒韩必然。

李斯深知韩非是语言、逻辑、概念方面的行家，对这个结论，韩非马上就能再写一封书信进行再反击，如果这样没完没了地辩论下去，最后必然会在文字上绕圈，事情的真相反倒被掩埋。

实施具体行动是李斯的长处。李斯又向秦王提议用事实来证明韩非所言的虚假。

李斯私下对秦王说道："韩非是韩国王室贵族。现在秦国吞并诸侯已成定局，韩非的血统决定了他终究不会为秦国出力，这是人之常情。以韩非的学识和才干，如果不能为大王所用，久留于秦国而又平安返回，不知道有多少秦国情报会随之而去，必将成为秦国的遗患。韩非来秦有日，无功于秦，却数次以文乱法，大王不如依法诛之。"

秦王表示赞同，于是韩非被关进了秦国的死囚牢里。韩非为了国家大义，最终在囚牢中饮毒酒而死。

韩非的思想尽在《韩非子》一书中。此书共有文章 55 篇，10 余万字。里面的文章，风格严峻峭刻，干脆犀利，里面保存了丰富的寓言故事，在先秦诸子散文中独树一帜。

《韩非子》一书呈现出韩非极为重视唯物主义与功利主义思想，积极倡导君主专制，目的是为君主提供富国强兵的思想。

在义利方面，韩非认为无论是父母与子女之间还是君臣、民众之间的关系，都受自为自利之心的支配。因此，他主张完全以法代替道德，甚至还将仁义之学视为危害国家甚至导致国家破亡的害人思想。

作为法家思想的重要组成部分，韩非的义利观对我国历史的发展产生了深远的影响。秦汉时期以后，法家的影响逐渐式微，但法家并未因儒、道传和墨、法废而泯灭，相反仍是封建管理思想的一个重要方面，儒法互用构成了古代封建社会的意识形态。

范仲淹划粥割齑

范仲淹是北宋杰出的政治家、文学家。他不仅在政治上有卓越贡献，而且在文学、军事方面也表现出非凡的才能。

范仲淹两岁时，父亲就去世了。母亲没有办法生活下去，只好带着他改嫁到一个朱姓人家里。范仲淹从小就生活在受欺压、受凌辱的环境里。但是，他不甘寄人篱下，从小学习就非常刻苦。23 岁那一年，他不远千里来到了当时著名的南都学舍求学。

那时，他的生活极其艰苦，每天只煮一碗稠粥，凉了以后划成四块，早晚各取两块，拌几根腌菜，再调拌一些醋汁，吃完继续读书，后世便有了划粥割齑的美誉，但他对这种清苦生活却毫不介意，而用全部精力在书中寻找着自己的乐趣。

范仲淹就是这样严格要求自己，将全部精力放在学习上。他在南都学舍如饥似渴地昼夜苦学，每当困倦时，他就用冷水洗脸，清醒清醒头脑，又继续读书。据说，整整五年时间，他都是和衣而睡的。

一次，有人问起范仲淹的志向，范仲淹说："不是当个好医生，就是当个好宰相。好医生为百姓治病，宰相治理国家。"这种不为个人升官发财而读书的伟大抱负，让周围的人非常敬佩。

后来，范仲淹当了宰相，提出了许多富国利民的措施，实现了自己当年的志向。

君子喻于义

子曰："参乎，吾道一以贯[①]之。"曾子曰："唯。"子出，门人问曰："何谓也？"曾子曰："夫子之道，忠恕而已矣。"

子曰："君子喻于义，小人喻[②]于利。"

子曰："见贤[③]思齐焉，见不贤而内自省[④]也。"

【注释】

①贯：贯穿、贯穿始终。

②喻：明白、懂得、知道。

③贤：有德行的人，有才能的人，也称贤士。

④省：反省，自我反省。

【解释】

孔子说："参啊，我讲的道是由一个基本的思想贯彻始终的。"曾子说："是。"孔子出去之后，同学便问曾子："这是什么意思？"曾子说："老师的道，就是忠恕罢了。"

孔子说："君子明白大义，小人只知道小利。"

孔子说："见到贤人，就应该向他学习、看齐；见到不贤的人，就应该自我反省。"

这是修养方法之一，即见贤思齐，见不贤内自省。实际上这就是取别人之长补自己之短，同时又以别人的过失为借鉴，不重蹈别人的覆辙。这种态度，在今天仍非常实用。

【故事】

毛遂自荐做说客抗秦

公元前257年，秦国的军队包围了赵国的都城邯郸。平原君奉命去楚国求援，想与楚联合抗秦。

平原君打算从食客中挑出20个有智有勇的人，随他前往楚国。挑出19个人后，还有一个再也找不到合适的了。有个名叫毛遂的食客，向平原君自我推荐，平原君同意他随同前往。

途中，同行的人在与毛遂交谈过程中，逐渐发现他是个了不起的人物，都很钦佩他。他们到楚国后，楚王不愿联合抗秦，平原君也说服不了他。毛遂代表其他19位义士去说服楚王。

楚王听说毛遂是平原君门下的食客，怒气冲冲地要他滚出去。毛遂一手提剑，一手拉住楚王的衣袖，慷慨陈词，层层推进，一再说明联合抗秦的重要性。

楚王被毛遂勇敢的举动惊呆了。接着，毛遂又向楚王分析说，共同抗秦对赵、楚双方都有好处，道理是如此清楚、明白，楚王没有理由反对。毛遂的一席话，使楚王佩服得五体投地。楚王决定和平原君联合抗秦，很快为赵国解了围。

从此，毛遂成了平原君家中的贵客。

柳公权尊礼而传美名

唐代礼仪文化在继承传统的基础上，还有一定程度的创新，并使之贯穿于社会生活的各个领域。比如师生之间仍以“尊师”为核心，君臣之间君尊臣卑的纲常得以强化等。在这些方面，柳公权可谓重礼尊礼的代表，体现了唐代礼仪的道德性。

柳公权是唐代著名的书法家，“柳体”的创立者。官至太子少师，世称“柳少师”。他曾经以弟子之礼拜师，以臣子之礼劝谏皇帝。这中间的故事，一直被后世传为佳话。

柳公权小的时候，由于他特别喜欢写字，到了十四五岁便能写出一手好字，经常受到老师的表扬。日子久了，他心里美滋滋的，不知不觉就骄傲起来，以为天下“唯我独尊”了。

这一天，柳公权和几个伙伴们玩耍，玩什么好呢？这个说捉迷藏，那个说摔跤。柳公权说：“不行不行，咱们还是比比谁的字写得好吧！”

于是，大家便在大树下摆了一张方桌，一场“笔会”就这样开始了。柳公权书法底子好，很快写完了一篇，心想：“我肯定是第一了，谁能比得过？”心里这样想着，脸上也显露出洋洋得意的神情。

这时，一个卖豆腐脑儿的老头放下担子，来到桑树下歇凉。他很有兴致地看孩子们练字，柳公权递过自己写的说：“老爷爷，你看我写得棒不棒？”

老头接过去一看，只见纸上写的是“会写飞凤家，敢在人前夸”。老头觉得这孩子太骄傲了，皱了皱眉头，沉吟了一会儿，说道：“我看这字写得并不好，值不得在人前夸。这字好像我担子里的豆腐脑儿一样，软塌塌的，没筋没骨，有形无体，还值得在人前夸吗？”

几个小伙伴都停住笔，仔细听老人的品评。柳公权见老头把自己的字说得一塌糊涂，不服气地说："人家都说我的字写得好，你偏说不好，有本事你写几个字让我看看！"

老头爽朗地笑了笑，说："不敢当，不敢当！我老汉是一个粗人，写不好字。可是，人家有人用脚都写得比你好得多呢！不信，你到京城里看看去吧！"

柳公权起初很生气，以为老头在骂他。后来想到老头和蔼的面容，爽朗的笑声，又不大像骂他，就决定到京城里去看看。

华京城离柳公权所在的柳家塬有 20 多千米路。第二天，柳公权起了个大早，悄悄给家里人留了张纸条，背着馍布袋就独自往华京城去了。柳公权进了京城，打听路人那个用脚写字的人在什么地方。路人告诉他那人在北街，柳公权按照地址找去。

柳公权来到北街，见一棵大槐树下挂着个白布幌子，上写"字画汤"3个大字，字体苍劲有力，笔法雄健潇洒。树下围了许多人，他挤进人群去看，不禁惊得目瞪口呆。

只见一个黑瘦的畸形老头，没有双臂，赤着双脚坐在地上，左脚压住铺在地上的纸，右脚夹起一支大笔，挥洒自如地在写对联。他运笔如神，笔下的字迹似群马奔腾，又如龙飞凤舞，博得围观看客们阵阵喝彩。

柳公权这才知道卖豆腐的老汉没有说假话，他惭愧极了，心想，和"字画汤"

比起来，自己真是差得太远了！他“扑通”一声跪在“字画汤”面前，诚恳地说：“我叫柳公权，我愿拜你为师，请您收下我吧，我愿师傅告诉我写字的秘诀。”

“字画汤”慌忙放下脚中的笔，用脚拉起柳公权说：“我是个孤苦的畸形人，生来没手，干不成活，只得靠脚巧混生活。虽能写几个歪字，怎配为人师表？”

柳公权跪在地上，一再苦苦哀求。围观的人见状都说：“收下这个孩子吧，你看他多么真心实意呀！”

“字画汤”没再说什么，只是在地上又铺开一张纸，用右脚提起笔，写道：“写尽八缸水，砚染涝池黑；博取百家长，始得龙凤飞。”写完，让柳公权收起来。

柳公权是个聪明人，早已领略了这诗中的寓意，他不但懂得了写字必须勤写苦练，虚心学习，更懂得了做人亦不能恃才傲物，否则将一事无成。

他把老人写在纸上的话牢牢铭记在心里，再一次拜倒在地，感激地说：“谢谢您！谢谢您！”然后，小心翼翼地把那张纸收好，向老人深深地揖了又揖。

老人见柳公权颇懂礼貌，说道：“这几个字是我写字的秘诀。我自小用脚写字，风风雨雨已练了 50 多个年头了。我家有个能盛 8 担水的大缸，我磨墨练字用尽了 8 缸水。我家墙外有个半亩地大的涝池，每天写完字就在池里洗砚，池水都乌黑了。可是，我的字练得还差得远呢！”

柳公权揖着手说道：“您放心，我一定像您那样，刻苦练字！”

老人微笑着点点头。围观的人有的说：“这孩子将来一定有出息！”柳公权依依不舍地回去了。

自此，柳公权发奋练字，手上磨起了厚厚的茧子，衣服补了一层又一层，但从未停止过每日练字。“字画汤”刻苦习字的精神一直激励着他。

在练字过程中，柳公权学习了颜体的清劲丰肥，学习了欧体的开朗方润，学习了“字画汤”的奔腾豪放，也学习了“宫院体”的娟秀妩媚。

此外，柳公权曾经看人家剥牛剔羊，研究骨架结构，从中得到启示，联想到汉字的间架结构；他还注意观察天上的大雁、水中的游鱼、奔跑的麋鹿、脱缰的骏马，把自然界中各种优美的形态都熔铸到书法艺术里去。

柳公权最后终于练成流传千古的“柳体”。他的字，结构严谨，刚柔相济，疏朗开阔，为书法界所珍视，素有“颜筋柳骨”之美称。

可是，柳公权直至老，对自己的字还很不满意。他晚年隐居在华京城南的鹳鹊谷，就是现在的柳沟，专门研习书法，继续勤奋练字。

柳公权不但是一位大书法家，还是一位深谙君臣之礼的人。

有一年，皇帝唐穆宗在一座寺院里，看到了柳公权写的字，心里十分喜爱，很想见一见他，在一起谈论谈论书法。正巧，没过多久，柳公权从自己做官的地方夏州来朝廷办事。唐穆宗听说柳公权来了，就让他来见自己，把他留在朝廷里做了右拾遗。

这一天，唐穆宗和柳公权在一起谈论书法，唐穆宗向柳公权请教说：“你的字写得笔法端正、刚劲有力，可我却写不了那么好，怎样用笔才能把字写好呢？”

听了唐穆宗的问话，柳公权心想，早就听说当今皇上耽于玩乐，不愿打理朝政，我何不借这个机会劝劝他呢？

柳公权毕竟是臣子，他知道身为人臣在劝谏帝王时应该怎么做。于是，他委婉地对唐穆宗说：“写字，先要握正笔。用笔的要诀在于心，只有心正了，笔才能正啊！”

听了柳公权的话，唐穆宗知道他是借讲笔法在规劝自己，不由得脸红了起来。

柳公权以特有的方式劝谏皇帝，收到了预期效果，唐穆宗果然有所收敛。柳公权言语委婉含蓄，体现了当时君臣之礼带有上古遗风。

欧阳修待人讲究尊重

宋代礼仪繁文缛节很多，却也造就了一个温文儒雅的大宋王朝。比如北宋的大文学家欧阳修，他虽是著名学者，但从不高傲，处处谦虚谨慎，待人讲究礼仪，给对方以极大尊重。

有一年，宋代的钱惟演镇守洛阳，建了一座驿舍。驿舍落成之后，一天，钱惟演邀请好友欧阳修、谢希深和尹师鲁三人为驿舍撰写一篇记文。

钱惟演没有什么爱好，平生唯独爱好读书，坐着读先秦时期百家著作、史书，躺着则读各种杂记，如厕时候则读小辞，大概从未把书放下。他对好文章从来都是百读不厌，因此也结交了许多写文章高手。

在钱惟演请的这3个文人当中，当时还顶属欧阳修的才华出众，名气大。但欧阳修认为，谢希深、尹师鲁写文章一定有值得自己借鉴的长处。于是，欧阳修决心抓住这个有利机会，取别人之长来补己之短。

3个文人苦思冥索，终于各成一篇记文。欧阳修拿自己的文章与两位好友的文章进行比较，并与之相互交流。

谢希深的记文写了700字；欧阳修用500字写成；尹师鲁写得更短，全文才380多字，叙事清晰，结构谨严，遣词造句恰到好处。

欧阳修拜读尹师鲁的文章，赞不绝口："写得好，写得好！"他心悦诚服，甘拜下风。

随后，驿舍主人钱惟演赶紧安排3位文章大家就餐。宴席间，几个人纷纷表示，要再次撰写记文，使驿舍更加增色。钱惟演更是万分感谢，对他们的严谨态度钦佩不已。在席间，欧阳修屡屡赞美其他两位的文章各得千秋，是自己学习的榜样。还引用孔子的话说，"三人行，必有吾师"。

吃过饭后，欧阳修又提上一壶好酒，买来几道可口的好菜，来到尹师鲁的住处，诚恳地向尹师鲁讨教。尹师鲁被欧阳修那种虚心好学的精神深深感动，也就打消了种种顾虑，与欧阳修探讨起写文章的技巧来。他诚恳地说："你的文章不错，可就是文字欠简练。"

两位挚友一边饮酒，一边谈论。果然话语投机，竟是滔滔不绝，直至一轮红日东升，欧阳修方尽兴而归。

回到家里，欧阳修便按好友尹师鲁指出的问题，重新撰文。他凝神静想片刻，突然脑中文思泉涌，笔走龙蛇，从谋篇布局到遣词造句，比前文更加主题鲜明、字句凝练。

这一篇文章更完善、精粹，较尹师鲁还少了20个字，真是更上一层楼。但欧阳修还是把重新撰写的文章拿给尹师鲁审阅，以求精益求精。尹师鲁看了欧阳修改过的文章后，赞扬他说："你进步真快，真是一日千里啊！"

最后，钱惟演就用欧阳修的文章作为驿舍的记文。而这座驿舍也因为欧阳修撰文而远近闻名。

欧阳修尊友的美德在许多事情上都有体现。宋仁宗曾经命翰林学士宋祁修撰《新唐书》。宋祁用了10多年时间，刻意求精，把该书的主要部分《列传》编写完了。这时，为了加快速度，皇帝又命欧阳修参加修撰，负责《纪》《志》的编写工作。

书成之后，宋仁宗感到全书体例及行文风格不一，要欧阳修从头润色。欧阳修把《列传》部分认真读过之后，感到写得很好，有独到之处，自己对唐代一些人物的看法与宋祁不同，但不能妄加修改强加于人。于是，他奏明宋仁宗，决定一字不易。

按照北宋时期惯例，史书修成后，不论多少人参加编写，只署官位最高的名字。欧阳修当时是宋代的参知政事，比宋祁的官位大得多，当然该在全部书上署他的名字了。

但欧阳修觉得自己只参加了一部分工作，书的大部分是由宋祁写的，便只在《纪》、《传》两部分署了自己的名字。他打破了惯例，不署全名，表现了尊重对方，以礼谦让的美德，深受人们的称赞。

有一次，欧阳修得到一幅古画，画的是一丛牡丹花，花下卧着一只小猫。他觉得这画很好看，就挂在了客厅里。这时欧阳修已经名气很大，而且孩子也长大了。他又与当朝丞相吴正肃成了亲家，在社会交往中成为名流人物。

一天，吴正肃来欧阳修家做客，欧阳修便在客厅里作陪。吴正肃看到欧阳修家客厅中的这幅古画，连连夸赞画得好。欧阳修自以为应该谦虚一下，便说："还过得去吧，也不见得十分精彩。"

"怎么不精彩？"吴正肃认真起来。

欧阳修信口说："你看，这花的颜色并不水灵，如果画露珠儿上去，岂不更好？"

吴正肃立刻站起身，走上前去，指着画说："老弟，你错了！这里画的是正午牡丹，怎么可以有露珠呢？你瞧，花瓣是张开的，花的颜色有些发干，正是阳光照射的结果。还有，你注意到这只小猫了吗？"

欧阳修对亲家前面说的话已经佩服了，又听他说到了画中的猫，就急切地问："猫？这又有什么说道呢？"

吴正肃分析说："你看，如果是早晨的牡丹，应是花苞未开，伴有露水，而且猫眼的瞳孔是圆的。而现在，猫眼的瞳孔眯成一条线，完全是正午的特征。”

欧阳修连连称是，暗想：我虽然得了此画，却不晓得其中奥妙，真是个门外汉！他叹了一口气，对吴正肃说：“看来我们这些舞文弄墨的人，真需要好好地向生活学习呀！否则，尽管文章写得多，也不会有生命力的。我真应该先向你学习了！”

欧阳修到了晚年，已经名噪天下，但他仍把以前所写的文章反复斟酌，逐字逐句地修改。欧阳修的妻子劝他说：“何必自讨苦吃呢？你这么大年纪了，难道还怕先生责怪吗？”

欧阳修笑着解释说：“如今不是怕先生责怪，而是怕后生笑话。”

杨时恭立雪地敬恩师

礼仪是律己、敬人的一种行为规范，是表现对他人尊重和理解的过程和手段。宋代的杨时为了求学，在大雪纷飞的天气立于老师门外等待求教，可谓以礼敬人的典范。

那是在北宋时期，福建将东县有个叫杨时的进士，他特别喜好钻研学问，到处寻师访友。

杨时小时候就很聪颖，显得与众不同，善写文章，读起书来又很用功。4 岁入学，7 岁就能写诗，8 岁就能作赋，人称“神童”，15 岁时攻读经史。杨时常对人家说：“学习对于我像吃饭一样，是我内心的需要，所以在任何时候我都不放松学习。”

杨时还认为，学习不仅需要有决心，而且必须有崇高的目标。他说：“学习和射箭一样，必须先有目标，然后才可放射，善于学习的人，也一定先有自己的目标，然后才能订出学习计划，循序渐进。糊里糊涂是学不好的。”

杨时自己就是按照这一办法进行学习的。他年纪不大就能写一手好文章，后来又专心钻研经史，不久考中了进士。当时的理学大家程颢、程颐兄弟讲学很有名，四面八方的人都来向他们求教。杨时也弃官不做，到程颢处登门求教。

杨时虚心好学，进步很快，当他南行回家，程颢目送他感慨地说：“我的思想从此往南去了。”表达了对杨时怀念之情。后来程颢去世了，杨时很悲痛。

有一年，杨时赴浏阳任县令途中，不辞劳苦，绕道洛阳，拜程颐做老师，以求学问上进一步深造。

这时的杨时已经是 40 岁的人了，对理学已有相当造诣，但他仍然谦虚谨慎，不骄不躁，勤奋好学。

一天中午，杨时在学习上碰到了疑难问题，便和同学游酢一起去请教老师程颐。走到程老师家门口，杨时刚想敲门，忽然听见程老师打鼾的声音，就悄悄地对游酢说：“程老师正在午睡，咱们在这儿等一会儿吧！”

他们就站在门口，默默地背书，静静地等待着。

就在杨时等老师的时候，天上下起了鹅毛大雪，而且越来越大，天地间

一片茫茫，时间不长，地面上就积出厚厚的一层雪。只见远山如玉簇，树林如银妆，房屋也披上了洁白的素装。

杨时、游酢马上成了两个雪人，形如雪雕一般。游酢建议回去，但杨时坚决不同意。杨时一只脚冻僵了，冷得发抖，但依然恭敬侍立。

过了很久，程老师醒来，发现两个学生站在门口的雪地里，就急忙把他们拉进屋里。这时，门外的积雪已经有一尺来厚了。杨时和游酢站过的地方，留下两双深深的脚印。

程老师心疼地说："外边雪这么大，你们为什么不进屋呢？"

杨时望着程老师慈祥的面容，说："老师，您在休息，我们不能惊动您。"

程颐听了，两眼望着门外漫天飞舞的大雪，久久没有说话。从此，更加尽心尽力地教杨时。杨时不负众望，终于学到了老师的全部学问。

后来，杨时学成后回到南方继续潜心研究和传播程氏理学。他为弄清楚张载《西铭》之理，专门写信向程颐请教。

杨时与当时南方著名学者胡安国、邹浩、游复、郑修、李夔等为友。经过一传数传，弟子众多，著名者有王苹、吕本中、张九成等。

由于杨时对程氏理学的传播，在南方形成独家学派龟山学派，在二程理学和朱熹之间起了承前启后的作用。被时人称为"龟山先生"。龟山是杨时的号。

龟山学派反对王安石的新学，注重《六经》等儒家经典，推崇《大学》和《中庸》，认为《大学》是学者入门之书，《中庸》为圣学之渊源。

杨时的学说到朱熹时，被发展为与"濂学""洛学""关学"并称的"闽学"。因此，杨时被尊为"闽学鼻祖"。

杨时的年寿很高，活到83岁。他的政治地位与学术地位都相当高，因此其学术思想在当时产生了很大影响，《宋史·道学传》记载：

东南学者唯杨时为程氏正宗。

南宋时期“东南三贤”的朱熹、吕祖谦、张栻，与龟山学派都有师承关系，其中尤以从罗从彦、李侗到朱熹一系为最有影响。杨时的龟山学派也就成为从二程到朱熹理学之重要环节。

位于现在的河南扶沟县城内书院街的大程书院内，有一座讲堂，中间塑有程颢的坐像，再现了他接人待物“春风满面”的历史旧幕。

据史书记载，程颢平时独坐或闭目养神，或思考问题，总是一脸严肃，像雕塑一样。而给学生解答问题或待人接物却满面春风，和蔼可亲。

讲堂东边的一组塑像，只见程颢、程颐端坐师位，杨时、游酢、吕大临、谢良佐这程门四大弟子，都满脸恭敬地站立求教，生动再现了“程门立雪”的典故。

事实上，杨时的理学建树恰恰源于“程门立雪”的精神。而这个故事本身，充分展示了一个学子求学师门，讲究礼仪，尊师重道的优秀品质，在中华礼仪文化中大放异彩。

范仲淹处处以礼为重

宋代礼仪文化在范仲淹身上也得到了充分体现。他为人处世以礼为重，为世人所称道。

范仲淹是北宋时期著名的政治家、军事家和文学家。他不仅教育儿子怎样以仁义之心接人待物，更是身体力行，礼待学人，虚心学习。在国家问题上，他更加重礼尊礼，表现了不计个人得失、以国家为重的襟怀。

范仲淹注重礼节，常常对孩子进行如何接人待物的教育。他给儿子取名叫范纯仁，寓意就是希望儿子长大后能够为别人着想，仁义待人。范纯仁从小知道这是父亲对他的期许，成年后自然而然地常常鼓舞自己，并督促自己这样做。

有一次，范仲淹跟范纯仁说，让他把500斗麦子从京城运到江苏。范纯仁在途中遇到了父亲的老朋友，父亲故友说他家里父母去世了没有钱安葬，还有女儿都还没有嫁出去，生活状况比较窘迫。

范纯仁听完了，马上就把500斗麦子卖掉，把这些钱送给这位长辈。结果钱还不够。范纯仁想，帮人要帮到底。所以，他当场把运麦子的船也卖了，最后才凑够了钱。

范纯仁处理完之后，回京城见父亲，报告他在途中的情况。范仲淹得知麦子被卖掉，立刻对儿子说道："为什么不把麦船送给他呢？"

范纯仁听父亲说出这话，心里一阵轻松，回答道："我已经送给他了。"

仅凭这件事，就可知范仲淹的家风已经传给了他的儿子。范纯仁后来做观文殿大学士，常常教育子弟说："如果能用苛求别人的心来要求自己，用宽恕自己的心来宽恕别人，就不怕做不成圣贤！"

在以礼待人问题上，范仲淹自己做得更为极致。有一年，范仲淹在浙江桐庐做官时，因为十分敬仰崇拜严子陵，他特地为严子陵建造了一座祠堂。

严子陵是东汉初期人，跟刘秀是同学。刘秀做了皇帝以后，就召严子陵到京城去做谏议大夫，他不肯，隐居在富春山。相传严子陵经常在富春江边上钓鱼，因此祠堂就造在钓鱼台旁。

范仲淹为严子陵写了一篇记文，其中有一首赞颂严子陵的诗，诗中写道：

云山苍苍，江水泱泱；
先生之德，山高水长。

范仲淹写成诗后，就把这首诗拿给至交好友李泰伯看，并让他提出批评意见。李泰伯读后，再三叹服，然而觉得意犹未尽，他站起来说："先生的诗是一首好诗，先生的文章一旦传出去，必定名闻于天下，我想冒昧地改动一个字，使它白璧无瑕。不知先生意下如何？"

范仲淹已是大名鼎鼎的政治家、军事家和文学家，给这样一个人提意见，李泰伯实在有点儿诚惶诚恐。范仲淹听后，肃然起敬，马上站了起来，拱手说道："是哪一个字，快请说出来。"

李泰伯说："'云山''江水'等词句，从内容上说，十分宏伟开阔，博大奔放；从用词上说，极有气派，又与严子陵的居住环境吻合，白璧无瑕、韵味无穷，然而下面用一个'德'字接着它，似乎显得局促狭隘而且浅白了，换个'风'字您看怎么样啊？"

范仲淹此时似乎屏住了呼吸，聚精会神地听着，听罢频频点头，连声称"妙"，说罢他又低低吟诵一遍：

云山苍苍，江水泱泱；
先生之风，山高水长。

果然味道与"德"字大不相同，改用"风"字既包含了"德"的含义，又有"风传千里""风流千古"的意味，因此更能反映严子陵的高风亮节，反映出他对严子陵的崇高敬意。

想到这里，范仲淹对李泰伯佩服不已，嘴里说着："太好了，太好了，真是高见。"说着，就跪下来拜谢李泰伯。

李泰伯一见，慌忙扶起范仲淹，赶紧说："不必！不必！"

范仲淹虚心听取别人对他的诗文的修改意见，写文章常常字斟句酌，因此才有那样千古传诵的名句：

先天下之忧而忧，后天下之乐而乐。

范仲淹认为，关心国家大事，为天下人解忧，这是一个臣子最应遵循的原则，是尊重国家，尊重人民，是最大的"礼"。

范仲淹自幼丧父，艰难的生活经历使他十分熟悉民生的疾苦，关心国家命运，敢于直言不讳地对朝政得失、民间利弊提出意见。范仲淹在任天章阁待制期间，发现宋仁宗皇帝年已 20 岁，但朝中各项军政大事，全凭 60 岁开外的刘太后把持，而且听说这年冬至那天，太后要让仁宗同百官一起，在皇帝办公的前殿给她叩头庆寿。

范仲淹认为，家礼与国礼不能混淆，损害君主尊严的事，应予制止。于是他奏上章疏，批评说："在内宫事奉亲长，自当有家人礼仪，但在朝廷上天子和百官站在一起，朝南礼拜太后，不可成为后世的礼法。"

后来，范仲淹再上一章，干脆要求刘太后撤帘罢政。朝廷始终保持缄默，却降下诏令，贬范仲淹离京，调任河中府通判。

3 年后，范仲淹被恢复天章阁待制职务，担任对付西夏的军事重任，在军旅生涯中屡建功勋。范仲淹内心刚毅，外表谦和，以礼为重，虚怀若谷。他一生坚持进步理想，以天下为己任的高风亮节，体现了中华民族的高尚情操。

事父母几谏

子曰："事父母，几[①]谏。见志不从，又敬不违，劳[②]而不怨。"

子曰："父母在，不远游[③]。游必有方[④]。"

子曰："父母之年，不可不知也。一则以喜[⑤]，一则以惧[⑥]。"

【注释】

①几：轻微、婉转的意思。

②劳：忧愁、烦劳的意思。

③游：指游学、经商等外出活动。"父母在，不远游"是先秦儒家关于"孝"字道德的具体内容之一。

④方：一定的地方，含安顿父母之意。

⑤喜：高兴，为什么而高兴。

⑥惧：害怕、恐惧，为什么而害怕。

【解释】

孔子说："侍奉父母，如果他们有不对的地方，应婉转地劝说他们。看到自己的意见没有听从，也依然恭敬而不冒犯他们，虽然忧愁但不埋怨。"

孔子说："父母在世，不远离家乡；如果不得已要出远门，也必须要有一定的去处。"

孔子说："父母的年龄，不可以不知道。一方面为他们的长寿而高兴，一方面又为他们的衰老而担忧。"

【故事】

杜环古道侠肠代人养母

平民出身的朱元璋建立大明王朝后，无论是出于农民阶级朴素的亲亲情感，还是出于永保万世一统大明江山的政治需要，他都毫不犹豫地选择了儒家"孝悌之道"作为维系社会稳定、促进家族和谐的道德力量。

开国帝王强调"孝悌之道"，有皇帝号召于上，就必有臣工响应于下。于是，在明代初期官吏中涌现了像杜环这样代人养母的古道热肠之人。

那是杜环在任太常丞时，有一天，他正在家中陪着客人，突然有一个年纪很大，衣衫褴褛的老妇人来到家中。杜环看老人家这个样子，非常惊讶。一打听，老太太便把遭遇哭着告诉他。杜环听着也流下了眼泪。

原来，杜环的父亲杜一元有位朋友常允恭，是兵部主事。常允恭在九江去世后家境衰败。常允恭的母亲张氏已经60多岁了，在九江城下伤心地痛哭，哀叹自己无人奉养。

三九寒冬，朔风凛冽，严寒透骨。孤苦伶仃的张氏常常拖着病体来到井边打水，她吃力地摇着辘轳，没有力气去提水桶，辘轳反转，将水桶栽到井里。有好几次摔倒在井台旁，但又艰难地爬起来。

有认识常允恭的人可怜张氏年老，告诉她说："现在的安庆太守谭敬先是你儿子允恭的朋友，你应该前去投奔，他念及与你儿子旧存的交情，一定会照管你的。"

张氏遵从这个人的指点，坐船到了谭敬先处。可是谭敬先婉言谢绝不肯容纳。

张氏处境非常窘迫，想到儿子曾在金陵做过官，亲戚好友或许还有存在的，也许能有点希望。可是到了金陵，她一个也没有访到。

张氏以前听儿子说杜一元是朋友，就又打听杜家在什么地方。知道情况的人告诉说："杜一元已经去世很久了，只有他的儿子杜环还在。"并告诉杜家位于鹭州坊间，门口有两棵枯树可以辨认。

张氏穿着破旧衣服，走投无路，只好投奔杜环家。杜环面对白发苍苍的常大娘，大动恻隐之情。他双手扶着老人坐下，对老人行了晚辈之礼，又呼唤妻子和孩子来行礼。杜环的妻子马氏换下常母的湿衣服，又脱下自己的衣服给常母穿。然后，捧着热粥让常母吃，抱来厚被子铺在床上，让常母歇息。

常母问起平素较为亲近的、情谊深厚的老朋友。杜环知道常允恭的老朋友没有存在的了。常母又问起她的小儿子常伯章的下落，可杜环也不知常伯章的确切消息。常母唉声叹气，非常失望。

杜环只好婉转地对常母说："天正下雨，等雨停了，我替您老人家打听一下他们的近况。”

杜环为了打消老人的顾虑，又安慰老人说：“假若没有人侍奉您，我家即使再贫穷，也能奉养您老人家。况且我父亲和常老伯亲如兄弟，现在您老人家贫困窘迫，不到别人家去，投奔到我家来，这也是两位老人在天之灵把您老人家引导来的啊，希望您老人家就别见外了。”

当时正值战后，年成不好，一般人家亲生骨肉都难以保全。杜环的妻子发愁地告诉丈夫说：“夫君，我知道你是好心人，可是咱们家也不富裕，添人进口，日子不更拮据了吗？”

杜环告诉妻子会有办法的。杜环妻子也是个热心肠的人，见夫君很有信心，眉头舒展开来。

常母见杜家也不富足，雨停后坚持要再找找其他朋友。杜环只好派一个女佣跟着同行。常母找到了天黑，再找不到熟人，只好又返回杜家，住了下来。

杜环的妻子从箱底翻出当初陪嫁的布料，比量着常母旧衣服尺寸，给常母缝制了新的衣服和被褥。常母感激地对杜环妻子说：“这真是大娘修来的福分哪，真要多亏你们两口子呀！这辈子，真是无法报答你们了！”说着，掩面哭泣。

杜环妻子赶紧说：“大娘，您别哭。谁没个为难的时候呀，您就放心地在这里住吧！”

杜环一家人，都像对待母亲一样地侍奉她。杜环儿子一口一个“奶奶”地叫着，围绕在她的身旁。常母由于以前处境艰难，个性变得很急躁，只要稍稍不顺她的心意，往往就发怒骂人。杜环私底下告诫家里人，尽量顺从常母，不可以因为她贫穷困顿，就对她轻视、傲慢，和她计较。

常母患老年疾病，杜环亲自替她煎烹药材，还一匙一匙地喂她喝。因为常母的缘故，杜环家人都不敢大声说话。

就这样过了10年，杜环做了太常寺的赞礼郎，奉皇帝的诏令到会稽举行祭祀。在返回时路过嘉兴，正遇到常母的小儿子常伯章。

杜环告诉他说：“你的母亲在我家，日夜想念你都想病了，你要早点去见她！”

常伯章不以为然，只说：“我已知道这情况，只是因道远没能去罢了。”

杜环回到家，又过半年多，常伯章才来。这一天，正是杜环的生日。常母看到自己的小儿子，放声大哭。杜环家里的人要制止她，说这不吉利。

杜环说：“这是人之常情，有什么不吉利的？”

过些日子，常伯章看到母亲年老，不能远走，竟然谎称办其他事情辞别而去，再也没有回来看望老母。杜环侍奉常母更加慎重小心。然而，常母越来越思念小儿子常伯章竟是一病不起，情况越来越严重，眼看着风烛残年，已是油尽灯枯，郎中也回天乏术了。

在临终之时，常母颤抖着双手，指着杜环说道：“是我拖累你了，拖累你了！你比我的亲儿子还要亲！愿你的子孙都像你这样忠厚善良啊！”

常母去世时，杜环披麻戴孝，完全按照杜家祖母的礼仪办事，替她准备了棺木，举行了入殓安葬的礼仪，在城南钟家山买块地给她安葬，家里摆放了老人的灵位。每年清明扫墓、祭祀，从不间断。

杜环悉心照料常母 10 多年，直至养老送终。大家都称赞他的孝行，称之为“高义之士”。杜环是仁爱的典型，在朋友亡故后，能够奉养他的亲人，这个“高义之士”的称号，实在名副其实。